# LA MÈRE BRAZIER

RESTAURAN
12

# LA MÈRE BRAZIER

## A MÃE DA COZINHA FRANCESA MODERNA

EUGÉNIE BRAZIER • PREFÁCIO DE PAUL BOCUSE

Editora Senac Rio de Janeiro – Rio de Janeiro – 2015

*La Mère Brazier: a mãe da cozinha francesa moderna*

Título em inglês: *La Mère Brazier: mother of modern French cooking*


SISTEMA COMÉRCIO-RJ

SENAC RIO DE JANEIRO

Presidente do Conselho Regional do Senac Rio de Janeiro
Orlando Diniz

Diretor do Sistema Comércio
Orlando Diniz

Diretor Regional
Orlando Diniz

Conselho Editorial
Ana Paula Alfredo, Wilma Freitas, Manuel Vieira, Nilson Brandão e Karine Fajardo

Editora Senac Rio de Janeiro
Rua Pompeu Loureiro, 45/11° andar
Copacabana – Rio de Janeiro
CEP: 22061-000 – RJ
comercial.editora@rj.senac.br
editora@rj.senac.br
www.rj.senac.br/editora

Publisher
Wilma Freitas

Editora
Karine Fajardo

Prospecção
Emanuella Santos, Manuela Soares e Viviane Iria

Produção editorial
Ana Carolina Lins, Camila Simas, Cláudia Amorim e Jacqueline Gutierrez

Tradução
Luís Henrique Lira da Fonseca

Revisão técnica
Osvaldo Gorski

Concebido e produzido por:
Elwin Street Limited
3 Percy Street
London W1T 1DE
www.elwinstreet.com

Tradução para o inglês de Drew Smith

Originalmente publicado sob o título:
"Les secrets de la Mère Brazier"
Por Roger Moreau, em colaboração com
Anne-Marie Brazier, Jacotte Brazier e Roger Garnier
© 2009 por Éditions Solar, Paris

Créditos das fotos: Éditions Solar: páginas 2, 8, 14, 17, 21, 24–25, 29, 32, 38, 72–73, 80, 89, 94, 103, 122–123, 158-159, 201, 226–227; Bibliothèque municipale de Lyon: páginas 208–209

Ilustrações: iStockphoto: páginas 48, 57, 63, 85, 105, 111, 145, 171, 174, 215

Impresso na China

CIP-BRASIL. CATALOGAÇÃO-NA-FONTE
SINDICATO NACIONAL DOS EDITORES DE LIVROS, RJ

B839m

Brazier, Eugénie
La Mère Brazier: a mãe da cozinha francesa moderna / Eugénie Brazier; tradução Drew Smith, Luís Henrique Lira da Fonseca. - 1. ed. - Rio de Janeiro: Ed. Senac Rio de Janeiro, 2015.
272 p. ; 22 cm.

Tradução de: Les secrets de la Mère Brazier
Inclui índice
glossário
ISBN 978-85-7756-325-8

1. Gastronomia 2. Culinária – Receitas. I. Título.

15-22634

CDD: 641.5
CDU: 641.5

# SUMÁRIO

# MA MÈRE
# PAUL BOCUSE

MUITOS CHEFS DEIXARAM SUA MARCA, com mais ou menos impacto, mas poucos nos marcaram de forma tão indelével no mundo da gastronomia quanto Mère Brazier, cujo legado, ainda hoje, é um dos pilares da gastronomia global.

Essa mulher excepcional, com quem tive a oportunidade de trabalhar, me ofereceu valiosas lições. Ela só dava atenção a quem gostava de trabalho árduo: ou você seguia os princípios dela ou saía. Não importava se seu temperamento era difícil, se você não se sentia bem ou se doía seu ombro ou sua perna. Esperava-se que você fosse eficiente naqueles intermináveis e longos dias (acordar às 5 da manhã e dormir à meia-noite).

Em 1946, eu havia acabado de sair do exército e me candidatei a uma vaga para trabalhar como supervisor de ajudante de cozinha. Montei na minha moto e subi até as montanhas de Col de la Luère, onde a famosa mãe atuava.

Percebi imediatamente com que intensidade ela me olhou. Mère Brazier vestia uma blusa branca impecável com um avental igualmente limpíssimo – seus cabelos, amarrados em um coque elegante –, como a caixa do restaurante Grand Café. Quando me viu, ela disse: "Um rapaz que pilotou 20 quilômetros colina acima para vir trabalhar deve ter algo de valor."

Trabalho era a regra da casa. Mère Brazier era a primeira a acordar, a última a dormir e nada passava despercebido a seus olhos de águia. Especialmente, queria que tudo fosse *à la Maison*, ou seja, feito em casa. Até a eletricidade era gerada por nós mesmos. Não era nada fácil.

Aprendi a ordenhar vacas, cortar lenha, jardinar, lavar e passar, tomar conta da adega de vinhos... Não adiantava saber fazer uma coisa melhor que a outra; tinha de saber fazer de tudo, e muito bem.

A jornada de 35 horas de trabalho semanais ainda não tinha sido criada, logo não havia folgas para quebrar o ritmo da semana nem distrações para jovens como nós.

Inventamos, então, entre nós, um jogo para as noites de inverno, de poucos clientes, e quando a mãe ficava ocupada com seu trabalho pesado. Escolhíamos um porco no chiqueiro – todos vistosos, pois eram alimentados com sobras do restaurante –, o soltávamos para correr livre por quilômetros e íamos atrás dele. E, como jovens cozinheiros aprendizes, tínhamos também momentos de revolta.

Aprontávamos muito e parodiamos a canção *La Mer* (*O Mar*), de Charles Trenet:

| | |
|---|---|
| *La Mère qu'on entend gueuler* | *La Mère que se ouve gritar* |
| *Au col de la Luère* | *Em Col de la Luère* |

Felizmente, porém, Mère Brazier sabia que era uma pessoa difícil e às vezes pedia que cantássemos para ela, o que a fazia rir.

Ela era uma mulher modesta e rígida, que sabia por instinto escolher os melhores de nós, como fazia com os ingredientes. Os cardápios raramente mudavam, mas eram sempre executados com perfeição. O mais clássico – e que mantinha sua reputação – era alcachofras com foie gras (p. 56), quenelles (p. 51) e frango em meio-luto (com trufas, p. 142). O mundo todo ia comer em seu restaurante.

Em retrospectiva, digo que foram bons tempos, e atribuo certamente a essa mulher a minha inspiração natural de criar uma cozinha simples – algo nada fácil. Também devo a ela, acima de tudo, o sentimento de respeito e a importância da escolha dos ingredientes adequados.

Nunca esqueço que fui um de seus melhores pupilos. Ela nos ensinava sobre sabores e nos fazia adquirir gosto pelo trabalho duro e bem-feito. Não teríamos sucesso sem ela – algo de que muitas vezes não nos lembramos.

## PAIXÃO PELA COZINHA
## BERNARD PACAUD

QUINZE ANOS DEPOIS DE PAUL BOCUSE, passei pelo mesmo processo de aprendizagem. Fui igualmente introduzido no trabalho, nas mesmas condições, com a mesma admiração por Mère Brazier e, certamente, com as mesmas receitas que embasam a reputação desse restaurante excepcional.

Em abril de 1962, peguei a bicicleta e pedalei até Col de la Luère. Como muitos estudantes em Grézieu-la-Varenne, eu trabalhava lavando pratos no restaurante de Mère Brazier. Após o terceiro dia, ela começou a me motivar e sugerir meu futuro como cozinheiro. Foi nesse ambiente familiar e cheio de energia – embora muito rígido – que surgiu minha paixão pela cozinha. Cada linha deste livro me traz lembranças. Agora é sua vez de descobrir a cozinha generosa e o espírito de Mère Brazier, em suas próprias palavras...

# NOTAS DA TRADUÇÃO PARA O INGLÊS
## DREW SMITH

MÈRE BRAZIER MORREU EM 1977, dois anos após iniciar este livro. Era reconhecida por muitos – e, mais notavelmente, pelo gastrônomo Príncipe Curnonsky – como a maior cozinheira do mundo e, de certa forma, talvez, de todos os tempos. Eugénie Brazier foi a primeira mulher a receber três estrelas no *Guia Michelin* por seu restaurante na Rua Royale, 12, em Lyon. Foi também a primeira pessoa a ter seis estrelas, em 1933, quando seu anexo, a 20 quilômetros a oeste de Col de la Luère, Pollionnay, também recebeu três estrelas (embora na época não passasse de um simples chalé de madeira sem gás ou eletricidade).

À medida que sua fama crescia, não só toda a região de Lyon ia comer em seu restaurante, mas também dois presidentes da França – Charles de Gaulle e Valéry Giscard d'Estaing – eram seus entusiastas e defensores. De Gaulle se recusava a ir embora e, por ele, passaria a noite lá, assim como estrelas do cinema, como Marlene Dietrich. Mère Brazier recusou ofertas do Aga Khan para se mudar para a Suíça e um possível salário de US$150 mil por ano para trabalhar no Waldorf Astoria, em Nova York, em 1953. Uma geração de chefs, incluindo Paul Bocuse e Alain Pacaud, aprendeu com Mère Brazier. Não seria exagero dizer que sua cozinha foi o começo da gastronomia francesa moderna. Seu regime rígido ainda é modelo para a culinária três estrelas atual.

As receitas apresentadas neste livro são fruto do trabalho de várias pessoas, principalmente Roger Garnier, marido de Odette – a sobrinha que Eugénie criou como filha. Garnier trabalhou por vinte anos como chef em Col de la Luère. Outras receitas foram transcritas por Roger Moreau, que as gravou com Mère Brazier em casa, ao sofá. Recebemos, em primeira mão, as transcrições de instruções ditadas por ela. É fácil escutar sua voz como se ela estivesse em pé a seu lado na cozinha enquanto você prepara um prato.

Garnier e Odette também a acompanhavam todo ano, em fevereiro, em viagens por outros grandes restaurantes franceses daquele tempo: Point, em Vienne; Pic, em Valence; Chez Latry, em Montélimar; L'Oustau de Thuiller, em Les Baux de Provence; La Bonne Auberge, em Antibes; entre outros. Mère Brazier refazia a peregrinação da família ao sul, quando ela começou a aprender a cozinhar como uma jovem criada.

Sempre modesta, meticulosa, temperamental – talvez até temida por suas mudanças de humor, que eram frequentes –, porém, amada e reverenciada

*(Ao lado) Março de 1975: La Mère e Paul Bocuse*

na cozinha e por seus clientes, Mère Brazier e suas histórias são dignas de lendas. Quando alguma figura local importante implorava por sigilo ao chegar ao restaurante com uma companheira jovem, ela dizia: "Monsieur, eu entendo; só porque você vai à missa em uma catedral não significa que não é permitido orar em uma capela menor de vez em quando." Em outra ocasião, quando um arquiteto chegou tarde para uma reunião, ela se recusou a recebê-lo até que ele se visse forçado a lavar as janelas.

Seu fornecedor de aves ironizava que quase fazia as unhas de seus galos antes de levá-los a ela, de tão exigente que era sua inspeção dos ingredientes e de sua procedência. Mère Brazier era, na verdade, incrivelmente fiel aos fornecedores que cumpriam seus padrões. Sempre os pagava no prazo, sem reclamar. Se havia, porém, um item fora desses padrões, a entrega inteira era enviada de volta. Ela raramente ia a mercados ou lojas; preferia encomendar por telefone após o expediente – mas esperava que ligassem para ela, não o contrário, às dez da noite, pontualmente. Era também uma mulher de negócios astuta. Pagou por seu primeiro carro, um Peugeot 301, com o dinheiro que lucrou na venda de moelas de galinha ao dono da *triperie*.

Obcecada por limpeza, esvaziava geladeiras e câmaras frias diariamente para que pudessem ser limpas. Era também famosa por patrulhar a casa inteira em busca de poeira. Além disso, muito rígida com desperdício, supervisionava jantares da equipe e aproveitava sobras e folhas externas das alfaces, aparas de salmão defumado ou panquecas. Toda a comida deixada no prato servia para alimentar seus adorados porcos.

Esses porcos, criados em Col de la Luère, eram parte de um costume mantido por toda a sua vida para o jantar de 11 de novembro, dia de S. Martinho, quando, por tradição, termina a colheita de outono. Os porcos eram abatidos na noite anterior. Mère Brazier grelhava salsichas e chouriços em uma panelinha, com cubinhos de maçã, e servia a todos. O assado principal era um pernil inteiro ou sua lateral. Uma grande multidão de Lyon era convidada para esse banquete de celebração, que também comemorava o fim da Segunda Guerra Mundial. Ela trazia uma banda, um palhaço, e todos cantavam *La Marseillaise* durante o jantar.

Na tradução, tentei ser fiel à linguagem original, com seu jeito gaulês de falar, de agir, de uma época e de uma filosofia de vida. Mais que tudo, Mère Brazier foi, e é, um ícone bem francês. Quando a gramática não é convencional, é instrutiva. Os ingredientes aparecem na ordem em que são usados em cada receita. O jeito usual de empregar medidas exatas não é tão presente, mas, ao ler a receita, se houver algo importante, você encontrará as dicas necessárias.

O idioma francês, na culinária, é muito mais persuasivo e mais bonito que o inglês. No inglês, temos *to fry* (fritar); no francês, *sauter*, que significa "saltar", ou *faire revenir* – literalmente "trazer de volta à vida" – , ou mesmo *faire respirer* – "deixar respirar". Há uma expressão pouco comum em inglês para bater claras em picos firmes, que Mère Brazier queria que fosse *neige* – "neve", como a que ela via sobre os Alpes da janela de sua cozinha em Col de la Luère. E ela não usava "sal" sempre como substantivo, mas também como verbo – ou seja, "salgar".

Algumas receitas, claro, revelam sua época. O pregado grelhado à holandesa demanda um forno enorme, mas há muitas décadas não se pescam peixes desse tipo, infelizmente. As recomendações de vinho talvez sofram mais com o tempo que as receitas – apenas vinhos franceses, sem safra ou território. Era assim naquela época. Além disso, ela cozinhou por mais de meio século, logo, esses detalhes se tornam obsoletos. Eles permanecem como indicadores, e, diferentemente de outros fornecedores, Mère Brazier fazia questão de visitar cada um de seus produtores de vinho.

Outros termos foram mais difíceis. *Crème fraîche* tem duplo significado hoje em dia, e não é claro quando a indicação se refere ao creme fresco ou ácido, sendo o primeiro o mais provável. *Lard*, literalmente "banha", na França era diferente da que se encontra hoje. Assim, ocasionalmente, fiz a substituição por bacon.

Os preparos na verdade não são tão elaborados – especialmente em comparação com as cozinhas de hotéis daquele tempo –, pois não havia os meios de produzir caldos, *fumets* e outros tipos de redução que eram exclusivos de grandes restaurantes e hotéis. Quando Garnier, recém-formado em Hotelaria, preparou um prato elaborado à base de lagostins como havia aprendido, Mère Brazier ficou subitamente brava, como era sua fama, e deu-lhe a maior bronca. ("Claro, ela estava certa e eu nunca esqueci a lição": lagostins devem ser apresentados de modo simples, cozidos no vapor, cortados ao meio e sobre uma folha de alface.)

O mais importante para ela era o frescor dos produtos. As receitas, na verdade, usam poucos ingredientes para os padrões modernos – cenouras, cebolas, chalotas, manteiga –, o que torna este livro um manual bem prático e fácil de usar.

Algumas receitas são desafiadoras hoje em dia, mas as mantive como curiosidades culinárias históricas. Em sua maioria, qualquer pessoa com algum conhecimento básico de cozinha deverá conseguir dominá-las com um pouco de dedicação. Igualmente, optei por manter aquelas que muitos podem considerar óbvias; mas o molho vinagrete de Mère Brazier não é o vinagrete de qualquer um. Nem seu béchamel. Nem seus ovos mexidos...

Como muitos outros também descobriram, sua culinária é um deleite.

# MINHA HISTÓRIA
## EUGÉNIE BRAZIER

Roger Moreau, grande amigo e confidente de Eugénie, várias vezes, entre 1975 e 1976, sentou-se com ela para falar da vida. Esta história pessoal foi extraída das longas conversas que tiveram nesse período.

# MINHA HISTÓRIA
# EUGÉNIE BRAZIER

MEUS PAIS VIVIAM EM DOMPIERRE, um vilarejo onde meu pai havia herdado uma pequena fazenda. Era pouco para sustentar uma família; por isso, quando eu ainda era bebê, ele decidiu adquirir uma propriedade maior em Certines, na estrada para Port-d'Ain à Bourg.

Foi lá que passei minha infância. Porcos, vacas e cavalos eram meus companheiros. Antes dos 5 anos, eu já era responsável pelos porcos. Não consigo me lembrar, mas um criado que morou conosco por muitos anos me contou que era assim.

Todas as manhãs, eu saía para o campo para cuidar deles. Lembro-me de minha mãe me colocar em uma cadeira para me vestir. Ela dizia: "Corra rápido, corra! Augustine já soltou os porcos no gramado!" Se eu não descesse ligeiro o bastante, ganhava algumas palmadas nas coxas, ou pelo menos uma promessa de que as receberia. Como pode imaginar, com esse tipo de educação, criei o hábito de fazer tudo com muita agilidade e sem perder tempo! E sinto que não desperdicei muitas horas de minha vida.

Naquela época, não havia chocolate em Bresse, e não era permitido às crianças tomar chá ou café com leite. Eu saía de casa sem comer. O pasto onde deixávamos os porcos não era cercado. Os limites eram marcados com pedras, e os animais tinham de ser mantidos do lado de dentro; não podiam sair para a terra dos vizinhos. Meu papel como guardiã era importante. Eu ficava com fome, mas não ousava gritar ao ver os ceifadores saírem para a colheita. Tinha de esperar pelo intervalo, quando minha mãe, então, trazia a sopa. Ainda me lembro do sabor. Era leitosa, com fatias compridas de pão. Nunca comi uma melhor!

E era muito simples: um caldo de alho-poró e legumes cozidos em leite com água. Depois se acrescentavam algumas claras, batendo muito bem, e derramava-se tudo, pouco a pouco, sobre as gemas em uma tigela. Após misturar bem, a sopa era despejada em outra tigela com pedaços grandes de pão. Esperava-se o pão absorvê-la para, então, servir.

Após alimentar os ceifadores no campo, minha mãe vinha até mim e se sentava em um montinho de terra. Eu tinha de tomar a sopa sentada para não derramar. Mesmo assim, era preciso ser rápida. Felizmente, a sopa, no caminho desde a cozinha, esfriava. Enquanto isso, os porcos e Pâquerette, nossa égua, saíam para pastar nos campos do vizinho. Eu tinha de parar de comer e trazê-los de volta.

A sopa era seguida pela hora da higiene. Minha mãe trazia uma toalha, molhava-a e limpava meu nariz e minhas bochechas. Ela esfregava com força,

*(Ao lado) Eugénie Brazier aos 20 anos*

já que não havia sabão, e acho que é por isso que sempre tive uma pele tão saudável. O momento mais doloroso era quando penteava meus cabelos, puxando o pente para baixo sem dó. Eu fazia caretas sem soltar um pio. Ela enrolava meu cabelo em um coque amarrado com um pedaço de linha, o que a deixava feliz e a fazia sorrir.

Enquanto tudo isso ocorria, Pâquerette saltitava, brincalhona. Preciso contar-lhe sobre ela. Ela era nossa égua, mas não era qualquer égua velha. Era muito especial. Era meio que mestiça. Participava de corridas, adorava pular e, para acalmá-la, era preciso amarrá-la. Mas isso não segurava a incrível Pâquerette, especialmente se um *pétroleuse* passasse por perto. Os *pétroleuses* foram os primeiros carros. Eram um tanto raros. Conseguíamos ouvi-los de longe, e todos corríamos para vê-los passando. Todo mundo falava sobre os carros De Dion-Bouton. Como eles deixavam a Pâquerette doida!

Ela era forte e dava um coice tremendo, como raças mestiças costumam fazer, e isso preocupava meu pai, especialmente se ele me visse com o chicotinho que fiz com cordão e uma muda de castanheira. Eu gostava de provocar nossa égua, mas sempre tomava cuidado com suas pernas traseiras e passava longe de seus cascos se fosse dar uma batidinha com meu chicote. Pode-se ver que eu já gostava de aventuras! Entre *pétroleuses* e eu, a pobre Pâquerette tinha muito com o que se preocupar – especialmente comigo, já que os carros quase não passavam, enquanto eu, estava sempre lá para atormentá-la.

Quando fazíamos pão, eu me encarregava de tomar conta da égua no gramado, e, como se verá, crianças não são tão ingênuas quanto pensamos. Junto com pães, minha mãe preparava tortas. Na primeira, feita com um pedaço de massa aberta com o rolo, ela despejava uma espécie de molho béchamel com ovos batidos e açúcar. Para levá-la até o forno, usávamos uma pá grande e arredondada.

A segunda torta era feita com cebolas refogadas na panela com um pouco de manteiga, sal e pimenta. Minha mãe acrescentava aí uma tigela de creme de leite, espalhava a mistura sobre a massa e assava no forno. Quando ainda quentes, eram bem gostosas. Com 5 anos, aprendi a preparar essas duas tortas, mas não me deixavam colocá-las no forno. Uma pena, pois eu queria fazê-lo. Muitas vezes, eu não era autorizada a sequer tocar a massa, preciso dizer, pois meu trabalho era cuidar da Pâquerette.

Quando ficava entediada, dava algumas chicotadinhas para fazê-la pular. Minha mãe escutava a barulheira e vinha checar se eu estava fazendo minhas tarefas direito. Se estivesse, eu ganhava um pedaço de torta. Esse truque funcionou muito bem várias vezes, e continuaria dando certo, se eu não tivesse sido dedurada por um ajudante de fazendeiro: Émile Lempereur. Ele me adorava. Eu era sua queridinha e sentava a seu lado no jantar.



*(Ao lado) Eugénie Brazier com sua equipe em Col de la Luère; seu filho Gaston à extrema direita*

AUTOMOBILE-CLUB
SUISSE
PRIX
CONSOMMATIONS

Mas ele ter contado toda a história de minhas traquinagens com a égua é a mais antiga de minhas más lembranças!

Autoridades locais muitas vezes enviavam crianças para fazendas como a nossa – nós as chamávamos de pastorzinhos. Havia uma garota que era um pouco tímida, mas eu a provocava bastante. Ela reclamava, e meu pai me dava uma bronca: "Não se esqueça: ela tem sangue vermelho correndo nas veias como você."

E eu apanhava! Um dia, Émile (ele de novo) me aconselhou a não deixar essas coisas me desanimarem, e esse foi o conselho que levei comigo a maior parte da vida. Por isso, no dia seguinte, eu e a menina fomos tomar conta das vacas. Ela estava com sede, e ensinei-a a beber da gamela fazendo uma concha com as mãos, mas ela não queria, pois dizia estar com medo de cobras. Falei, então, para beber dos baldes de água que minha mãe trazia para encher a gamela dos cavalos. A água era sempre limpa e boa para beber, eu disse, e me ajoelhei para ensiná-la como fazia. Ela não tinha certeza e veio lentamente. Então, inclinou-se para a frente, com a boca entreaberta. Foi aí que dei o bote e enfiei sua cabeça na água. Levei a maior bronca depois!

Eu ia à escola apenas no inverno e quando não havia tarefa em casa. Aos meus 10 anos, minha mãe morreu. Assim, eu teria de trabalhar, com o tempo de escola reduzido a apenas dois meses por ano. E, claro, dessa forma não obteria nenhum nível de instrução.

Fui deixada com uma família em outra fazenda. Eles não me tratavam mal. De manhã, tomávamos sopa, muito parecida com a de minha mãe. Ao meio-dia, comíamos um pedaço de bacon com repolho e batatas. Algumas vezes, ganhávamos gratinado de macarrão, primeiro cozido na água, depois temperado com béchamel de farinha, manteiga, água e creme de leite. Era o único prato que comíamos, mas era bom, e, tempos depois, meus clientes gostaram dele também.

Como empregados, éramos bem nutridos (mas não tão bem alojados). Sexta-feira havia a noite de *gaufres* (massa de espessura entre panqueca e *waffle*). Como gosto de me intrometer, aprendi a fazer os *gaufres*, bem simples, usando farinha, leite e ovos. Nós os virávamos na frigideira como panquecas. Junto com os *gaufres* recebíamos ameixas. Era uma festa!

Sempre adorei cozinhar, desde aquele tempo, e sempre gostei de tudo limpo. Quando não tomava sopa da minha mãe, meu amigo Émile – sempre a meu lado – me incentivava a tomá-la, mas, por vezes, meu pai vinha e eu acabava revelando o que me incomodava: "Eu vi Marie fazer a sopa. Estou com medo porque ela não lavou bem o repolho. Não quero comer. Pode haver lagartas." Aquele medo de insetos e lagartas me acompanhou por toda a vida.

Sempre havia trabalho a fazer na fazenda. Após cuidar dos porcos, tínhamos de ordenhar as vacas, três vezes por dia, dar conta de todas as tarefas domésticas, juntar o feno... sem intervalos, até a hora da sopa da noite. Digo sopa, mas não era sempre sopa. Em Bresse geralmente comíamos *gaudes*, que é milho grelhado, moído fino e cozido na água por bastante tempo. Ainda consigo visualizar o caldeirão imenso de cobre e as conchas de madeira, e até sou capaz de ouvir: "Cuidado, Eugénie, continue mexendo bem o *gaudes*."

Se o *gaudes* não fosse misturado direito, grudava nas laterais e no fundo da panela. As crianças mais novas podiam colocar um pouco de leite nele, mas nós não; sempre escutávamos: "Vocês são muito grandes!" O leite era poupado para o preparo de manteiga e queijo – produtos preciosos e fonte garantida de renda para nós, camponeses.

Um dos primeiros pratos que aprendi a preparar é o que em Lyon chamam de *barboton*. Deve-se derreter algumas fatias de gordura de porco no caldeirão usado para o *gaudes*, dourar algumas cebolas e alho e acrescentar batatas em fatias grossas. Após umedecer com água e salgar, deixa-se cozinhar lentamente e por muito tempo.

Quando meus pais iam à feira em Bourg, minha mãe trazia um pouco de tripa. Esperávamos ansiosamente para garantir que ela não havia se esquecido.

Sempre que abatíamos um animal, não descartávamos o sangue. Nós o coagulávamos, cortávamos em pedaços e cozinhávamos. Ficava cheio de furos. Não era muito bom, mas nada era desperdiçado.

O "dia do porco" era um acontecimento. Mantive a tradição de preparar uma ceia à base de porco no dia 11 de novembro em meu restaurante em Col de la Luère. Todo ano o padre de Certines vinha me ver e contar histórias sobre os caçadores locais e os jantares que organizava para eles. Ele não gostava muito de promover esses eventos, mas isso angariava fundos para a paróquia.

**UM DOS PRIMEIROS PRATOS QUE APRENDI A PREPARAR É O QUE EM LYON CHAMAM DE BARBOTON.**

Como eram lindas as mulheres com suas saias longas esvoaçantes e plumas! Ainda posso vê-las na frente da igreja, próxima ao cemitério, ao lado da escola. A caça era sempre no dia de S. Hubert. Que espetáculo magnífico!

Eu tinha de voltar logo ao trabalho – uma vida bem dura para uma criança, mas posso dizer que nunca fui maltratada em nenhum lugar onde trabalhei. Eu tinha tamancos e calças de lã; mesmo assim, no inverno, ficávamos com frieiras. Eu usava palha nos sapatos para tentar aquecer os pés. Meu salário era este: um par de tamancos e um vestido novo por ano. Eu gostava de bater meus tamancos no chão, e o dono da casa me criticava por fazer tanto barulho.

Os criados, por outro lado, me incentivavam: "Quanto mais tamancos quebrar, mais você ganha", diziam. Mas eu jamais ousaria!

Quando me comportava, a patroa me dava algumas roupas dela, usadas. Eu ficava feliz. Não sentia falta de nada. No dia de S. Martinho ganhei 40 *sous* – a moeda da época –, mas não eram para mim, e sim para meus pais, a quem eu deveria entregá-los.

Aos domingos, íamos à missa. Usava vestido e chapéu doados pela patroa. Um belo chapéu, feito de palha com bordados azuis e brancos, e um desenho que parecia uma família de lagartas (mas essas eram lagartas legais!). Tinha muito orgulho dele. Prendia-o a meu coque com alguns grampos e me sentia uma mulher!

Quando minha irmã mais velha dizia: "Éramos infelizes naqueles tempos", sempre ficava surpresa, pois não me lembro de me sentir infeliz, exceto uma vez, na minha primeira comunhão. Minha mãe havia morrido e minha patroa me acompanhou. Eu estava com um vestido de algodão de minha outra irmã, que também morrera. Tinham guardado para mim o vestido e o véu do casamento de minha mãe. Todas as mães faziam suas filhas usarem véus. Minhas melhores amigas sabiam da minha situação. Todas estavam com vestidos mais bonitos que o meu e perguntavam entre si sobre os presentes que haviam ganhado. "E seu padrinho, o que deu?" E eu respondia: "Sapatos!"

Eu tinha sapatos nos meus pés e era grata por eles. As mães das minhas amigas não gostavam que ficassem falando de seus presentes na minha frente. Para mim, eu tinha sapatos e o resto não importava muito.

Minha patroa preparou um grande jantar em minha homenagem. Lembro-me da sobremesa – ameixas secas com biscoitos em formato de colher (ameixas embebidas em vinho, claro!). No dia seguinte, o padre nos levou para passear até o Château de Bellevesvre, em Dompierre. No outro dia, porém, tive de voltar a meus porcos e meu pasto. Era dia de mercado. Estava sozinha e perturbada por pensamentos. Na primeira comunhão, vi que todas as meninas estavam com suas mães. Eu era a única órfã e, em minha mente infantil, imaginava que aquela cerimônia havia sido em vão, pois minha mãe não estava lá. Eu sabia que minhas confissões eram sinceras – que havia seguido todas as instruções do padre – mas sem minha mãe a comunhão jamais poderia ser real. Então, no pasto, cercada por meus porcos, eu chorava e chorava.

Uma vizinha, Madame Simonin, passou com seu carrinho de mão, me viu chorando e talvez tenha pensado que eu havia levado uma bronca. Ao voltar, porém, agora com o carrinho cheio, viu que eu ainda chorava, vermelha de raiva e emoção. Ela parou e, muito simpática, fez perguntas. Eu não disse uma palavra. Não ousaria. Em dado momento, ela se irritou



*(Ao lado) O restaurante de Mère Brazier em Col de la Luère*

ENTREE
DU
RESTAURANT

e disse: "Vou deixar o carrinho aqui na entrada do pasto. Conduzirei os porcos até seus donos e amanhã a levarei de volta para seu pai, pois você está infeliz aqui!"

Ser devolvida à família era visto como algo muito ruim. Então, contei sobre como a primeira comunhão não havia sido boa por minha mãe não estar presente. Aquela mulher começou a chorar tanto quanto eu. Foi quando me disse: "Não. Você está errada. Você fez a melhor comunhão. Sua mãe estava mais próxima de você que todas as outras. Lembre-se disso." Acredite se quiser, mas aquelas palavras me guiaram a vida toda. Minhas duas melhores amigas conheceram a infelicidade. Uma morreu ao dar à luz seu segundo filho. Eu fui madrinha do mais velho. A outra passou por todo tipo de problema. Sempre senti que tinha mais sorte que ambas. Ainda acredito nisso, mesmo que não deixe transparecer.

Arrependo-me por não ter frequentado a escola, mas sempre estive pronta para qualquer tipo de desafio. Tenho o hábito de ficar atenta a tudo em meu nome. Com o carteiro, por exemplo, não assino qualquer coisa. Além disso, sempre soube o que queria dizer às pessoas para quem tenho de escrever, mas, como cometo muitos erros, não escrevo eu mesma. Contudo, jamais deixei outras pessoas escreverem em meu nome sem minha supervisão.

> **CONHECI E CONVERSEI COM MUITOS INTELECTUAIS, GENTE SOFISTICADA, E SEMPRE SOUBE QUEM EU ERA.**

Conheci e conversei com muitos intelectuais, gente sofisticada, e sempre soube quem eu era. Tenho um instinto que me impede de colocar meus pés em um território que não seja meu.

Voltando à minha juventude, fiquei em fazendas até os 20 anos. Em 1914, consegui um emprego com a família Milliat, em Lyon. Eles tinham uma padaria na Avenida Berthelot. Meu patrão era Monsieur Joseph, um dos irmãos. Eu era mãe solteira – algo definitivamente desaprovado na época, especialmente no caso de uma jovem à procura de emprego. Mais uma vez, tive sorte. Meu filhinho ficava com uma babá em Dompierre, a quem eu pagava todos os meses.

Felizmente, o lar de Joseph Milliat era respeitável, e fui aceita. Era uma casa grandiosa, bem montada, mas com uma família numerosa, que precisava de cuidados. Todas as filhas e noras ficaram conosco enquanto os homens foram à Guerra.

Eu fazia toda a limpeza e todas as tarefas designadas aos ajudantes, menos cozinhar. No inverno, a família foi para Cannes com a criadagem e os ajudantes. Morávamos em um hotel e eu tomava conta das crianças. Por vezes, para me divertir, dizia à madame que estava ventando demais e ela me deixava passear de táxi com as crianças. Era uma delícia. Íamos a Super-Cannes, Croix-des-Gardes. Havia florestas de mimosas floridas. Nunca tinha visto algo igual em Bresse ou Lyon. No verão seguinte, as mulheres e crianças quiseram ir a Cannes novamente e alugamos uma chácara.

Lá eu fazia de tudo, inclusive cozinhar. Havia muitas bocas para alimentar, e os irmãos vinham visitá-los nas férias. Eu, porém, gostava de trabalhar no fogão e não me importava de deixar a *concierge* tomando conta das crianças. Nossa velha cozinheira ficava em Lyon. Ela me ensinara um pouco sobre sua arte, mas eu sempre colocava muita água no frango com creme para economizar. Ela me instruiu a trocar a água por algumas trufas e cogumelos, e vi que dava certo.

O *gaufres* que serviria em Col de la Luère eu já os preparava para os Milliats, como eram feitos em Bresse, apenas com outra quantidade de manteiga.

Em Cannes eu precisava ir à missa às 5 da manhã todos os dias e preparar a refeição em seguida. Comprava os peixes no caminho de volta. Lembro-me de um badejo que me surpreendeu com sua quantidade de espinhas. Eu já o tinha limpado, colocado no *court bouillon*, quando percebi que não sabia fazer o molho holandês que me pediram como acompanhamento.

Eu não tinha nenhum livro de receitas. Só me restou pedir conselhos à *concierge*. E que segredo ela me contou! Era algo bem direto: nada de manteiga clarificada ou algo do gênero. Eu colocava 8 gemas em uma panela de cobre com um pouco de água e aquecia, sem deixar ferver; depois acrescentava 900g de manteiga, um pedaço por vez. Nada além disso. É preciso apenas tomar cuidado para não acabar fazendo ovos mexidos. Se, em outras noites, alguém quisesse molho béarnaise, eu refogava chalotas no vinho branco e misturava com molho holandês, pimenta caiena e salsa. Cozinhar não é difícil. Você precisa ser organizado, ter boa memória e bom paladar. Aprendi a cozinhar cozinhando, simples assim.

Depois de alguns anos com os Milliats, eu precisava de mais dinheiro e consegui um emprego com Mère Filloux. Seu restaurante em Brotteaux, na Rua Duquesne, perto da Rua de Créqui, era de alto nível. Père Filloux descascava cogumelos o dia inteiro, enquanto as mulheres cuidavam do salão e da cozinha. Quando ela envelheceu, sua filha, Madame Frechin, assumiu as tarefas diárias, e eu cozinhava com Madame Jeanne. Eram apenas mulheres na cozinha, sempre. Mère Filloux, porém, era muito ciumenta e sempre me

*(Verso) Mère Brazier na frente de seu restaurante em Col de la Luère, em 1930*

repreendia. Eu lhe dizia: "Mas Madame, foi exatamente assim que a senhora me disse para fazer." Ela, porém, nunca estava satisfeita, nem com Jeanne nem comigo. Eu ficava aos prantos. Madame Frechin sempre me defendia, carinhosamente.

Todo domingo, Madame Filloux preparava um cozido de coelho para a equipe. Era uma tradição. Os outros queriam que eu é que fizesse. Um dia, Mère Filloux perguntou à mesa: "Então, como está meu cozido?" Respondi: "Delicioso, Madame."

No meu, sempre usava gordura de porco de qualidade de Auvergne, a melhor que havia. Um dia, Madame Frechin disse: "Está bom, mamãe, mas prefiro o da Joséphine!" (Joséphine era eu. Ao começar a trabalhar lá, havia outra Eugénie, então me apelidaram Joséphine.) Que drama se seguiu! Perguntaram: "Por que é melhor?" E ela respondeu: "Porque é mais escuro e eu gosto mais..."

Fiquei apavorada e achei que perderia o emprego naquele dia. Eu precisava do trabalho. Cuidava de meu irmão e minha irmã mais novos e, claro, do pequeno Gaston, que agora morava comigo em Lyon. Alugamos um lugar barato em cima de uma lavanderia. Tenho boas memórias da proprietária.

No restaurante de Mère Filloux havia frangos maravilhosos, melhores que os atuais. Ela preparava um prato muito bom, *volaille demi-deuil* (frango em meio-luto – isso é, com a pele recheada com trufas negras, p. 142), e sempre o elaborava com cuidado. Mas seu *poulet à la crème* (frango com creme) era muito simples. Ela cozinhava o frango, misturava creme de leite e cogumelos em um béchamel – como no molho de suas quenelles – e cobria o frango com isso. Uma aquecida rápida no forno e já ia para a mesa. Os clientes gostavam, afinal estavam acostumados, mas eu dizia que seu *volaille demi-deuil* era melhor. "Nunca deixei alguém manusear um frango nesta cozinha além de mim." Assim, fui a primeira chef a amarrar um frango no restaurante de Mère Filloux, mas não sem brigar muito. Nós os embrulhávamos com tecido e cozinhávamos no caldo.

O cardápio tradicional era:

*Fonds d'Artichauts au Foie Gras*
*Quenelles*
*Volaille Demi-Deuil*
*Fromages*
*Sobremesa*

Mère Filloux servia os corações de alcachofra quentes, mas eu, embora tenha mantido esse prato em meus cardápios depois, sempre os oferecia frios. Acho que o calor estraga o foie gras. As quenelles eram encomendadas na Pâtisserie Moine. Preparávamos apenas o molho, com cogumelos que o velho Filloux passava o dia descascando. Havia poucas sobremesas – quase sempre sorvete (da Moine também, ainda nos potes com seu nome estampado). Dá para perceber que era uma cozinha simples e um restaurante fácil de gerenciar. Na temporada, servíamos muita carne de caça. Foi lá que aprendi a cozinhar cotovias, sombrias e perdizes – desossadas, picadas e misturadas com trufas e foie gras. Em geral, servíamos as carnes apenas acompanhadas de uma salada. Mais tarde, passei a oferecer muito menos carne de caça. Era um restaurante famoso, e como para lavar as mãos era preciso atravessar a cozinha, eu via e conhecia todas as pessoas mais ricas de Lyon naquele tempo...

Madame Filloux era uma mulher de negócios excepcional. Sempre usava um vestido de flanela com um colar pequeno de crochê branco. Tinha, porém, uma fraqueza: cheirava rapé. Eu ficava preocupada de cair pó de tabaco em minhas panelas – sempre fui um pouco paranoica nesse sentido. No começo do horário de atendimento, ela punha seu vestido longo para cumprimentar os clientes. Nós o chamávamos de vestido "varredor". O nome era apropriado, pois varria toda a serragem que deixávamos no chão.

Madame Filloux pedia que novos clientes tomassem um drinque no café ao lado, e depois os chamávamos, quando suas mesas estivessem prontas. Com seu talento para reconhecer clientes generosos, ela evitava os mais sovinas – uma habilidade importante na nossa área. Eu me dava muito bem nesse campo, embora sempre sentisse que quem não era generoso um dia podia ser em outro. Assim, meu foco era sempre os mais velhos, pois, embora tivessem menos recursos, costumavam ser bons em falar com seus conhecidos e fazer recomendações.

Como fechamos o restaurante em agosto (para os feriados anuais), voltei a trabalhar para os Milliats, e, no ano seguinte, fui para a Brasserie du Dragon, na Rua de la République. Não havia muitos restaurantes gastronômicos em Lyon naquele tempo – apenas o de Mère Filloux, o de Mère Buisson, na Rua du Garet, e alguns outros de cujos nomes não me recordo. A Brasserie du Dragon era muito conhecida, e, mesmo que só tenha me candidatado para trabalhar lá por um mês, acabei ficando durante setembro também, pois ganhava mais, e por alguns anos depois. Era uma casa muito agradável, com clientes que gostavam de mim e do meu filho. A comida era simples e, ainda assim, saudável, o que causava confusão imediata. Como eu cozinhava no Dragon, muitos clientes pensavam que era o novo restaurante da Madame Filloux. Quando me falavam isso, eu dizia: "Não", e os enviava de volta à Rua Duquesne. Certo dia, um dos clientes disse à Mère:

"Comemos um frango assado maravilhoso com um molho sublime no Dragon, e vagens deliciosas..."

Mère Filloux respondeu: "Mas ela, ela nunca cozinhou aqui. Só lavava pratos." Veja como era ciumenta!

O cliente disse: "Melhor ainda então, e mais crédito a ela!"

Normalmente as garotas me ajudavam, como Jeanne, a *cuisinière*, minha colega. Mesmo quando eu estava na prisão durante a Guerra, elas diziam: "Não é possível, logo ela que traz tanta gente a Lyon."

Père Visseau lhes dizia: "Deve haver um bode expiatório em cada profissão", e acho que a carapuça era para mim.

Após alguns anos no Dragon, eu queria começar meu próprio negócio. Um dia, quando fui buscar minhas quenelles na pâtisserie ao lado de meu apartamento, o padeiro me disse: "Se você quer montar seu próprio lugar, há uma mercearia e bar na esquina que pode lhe agradar." Mas não sou barman; não tenho tempo para beberrões que ficam sentados papeando o dia todo. Comprei o lugar e imediatamente desmontei o bar. Em cima da mercearia também herdei alguns inquilinos. No Dragon havia alguns clientes frequentes que gostavam de mim, pois ocasionalmente chegavam bem tarde, quando eu estava quase saindo e a brasserie fechando: "Ah, que pena, você já está indo. Estamos com fome, mas você já está de chapéu para sair", diziam. "Mas meu chapéu não está colado...", respondia. Então eu o retirava e ia arranjar algo para comerem...

Tinha só 12 mil francos no banco. Eu havia depositado 2 mil, mas mal tinha o bastante para comprar ingredientes ou vinho, e foi aí que o dono do Dragon me ajudou. O proprietário do imóvel também, e me deixou pagar parcelado. Fizemos a mudança, pouco a pouco, com o que tínhamos. Eu não era oficialmente casada, mas todos conheciam meu companheiro, que trabalhava como chofer para uma família na doca Gailleton. Quando ele voltava à noite, varria os salões, afiava as facas e preparava as jarras de vinho. Eu lavava as toalhas de mesa. Sempre tecidos brancos de linho, é claro!

Lembro-me de meu primeiro cardápio. Foi em um domingo que continua na mente como uma das maiores preocupações de minha vida. Eu conhecia Madame Masson, fornecedora do Dragon, que me deu alguns conselhos úteis. Ela me incentivou a colocar lagostins no cardápio e os aceitaria de volta se não fossem vendidos até às 4 da manhã... Portanto planejei meu cardápio com pequenos lagostins com maionese, pombos com ervilhas (que sempre eram comidos no dia seguinte, pois eu tinha quase vinte inquilinos). Calculei que, enquanto os lagostins fossem servidos, teria tempo de assar os pombos.



*(Ao lado) Retrato de Mère Filloux*

Naquele domingo, porém, ao meio-dia, ninguém apareceu. Uma da tarde, ninguém também. Meu filho Gaston disse: "Viu, mãe, acho que comprar um restaurante não foi uma ideia tão boa. Deveríamos ter optado por um armarinho." Ele havia feito amizade com uma vizinha que tinha uma loja dessas e consertava seus botões quando eu não tinha tempo. Gaston levava sopa para ela e os dois jogavam conversa fora. Ele havia percebido que ela recebia muitos pedidos de consertos e isso o impressionara, mas não entendia que cada um valia apenas 20 *sous*.

Durante toda a tarde eu me desesperei, mas à noite o restaurante estava cheio. Eu tinha 15 clientes. Para a sobremesa, não queria comprar nada que estragasse. Não tínhamos geladeiras ainda. Meu outro vizinho, o padeiro, havia me emprestado alguns brioches, que, como os lagostins, eu poderia devolver no meio da noite se não fossem vendidos. Nessa época, todos dávamos um jeito para sobreviver. Gaston amava maçãs assadas flambadas com rum. Mais adiante, ele mesmo sempre as servia para seus próprios clientes. Segui sua ideia. Esburaquei os brioches e os recheei com maçãs assadas e flambadas, servindo quentes, o que deixou todos satisfeitos. Esse cardápio custava 5 francos.

**EU NUNCA TINHA TEMPO DE FAZER COMPRAS. LIGAVA PARA MEUS FORNECEDORES, E ELES ME DIZIAM O QUE HAVIA CHEGADO, O QUE ESTAVA BOM, E ME ENTREGAVAM**

Tudo isso se passou em abril de 1922, mas, ao chegar o inverno, não havia nada além de um aquecedor a carvão que precisava ficar incandescente para esquentar o salão. Era perigoso. Naquele tempo, meu dia era bem corrido. Acordava às 7 da manhã para passar as toalhas de mesa, que ainda estavam úmidas da lavagem após o jantar da noite anterior. Às vezes, precisava forrar as mesas sem as toalhas estarem completamente secas. Depois de passá-las, as duas jovens que cuidavam do salão chegavam para montar as mesas. Meu companheiro, as duas jovens, uma senhora e eu – essa era toda a equipe.

Eu nunca tinha tempo de fazer compras. Ligava para meus fornecedores, e eles me diziam o que havia chegado, o que estava bom, e me entregavam. O cardápio mudava um pouco com a estação: um dia era peixe (lúcio ou perca); no outro, chouriço com fritas. Deixava o gratinado de macarrão (p. 77) para quando não havia muitos legumes.

Vários acidentes ocorriam... Um dia, enquanto preparava espinafre, uma mulher linda passou pela cozinha e um jatinho de suco verde atingiu a borda branca de seu chapéu. Ainda consigo me lembrar daquela mancha maldita, mas ela não reparou, e, se percebeu depois, certamente não imaginou o que era. A velha Marie, que trabalhava comigo, disse: "Não se preocupe, ela vai pensar que foi um dos pombos do telhado!"

Dessa nos safamos, mas, em outra ocasião, Marie teve um probleminha com um cliente que frequentava o restaurante todos os dias. Era um vendedor do açúcar Say, Monsieur Chemot – um elegante homem de negócios de Lyon, que vestia um paletó com colarinho de veludo azul e sempre usava luvas brancas limpas. Naquele dia, porém, Marie pegou seu casaco e, ao passar pela cozinha, sujou o colarinho de manteiga. Sabendo como esse cavalheiro era exigente, fiquei apavorada. Tentamos limpar, mas nada funcionava. Corri até a lavanderia, onde conseguiram remover a mancha, mas o cheiro não saía. Marie passou um pouco de amoníaco na mancha para tirar o cheiro, ou assim imaginou, mas só piorou. Chegou o momento de devolver o paletó. Precisávamos de uma explicação: "Perdoe-nos, Monsieur Chemot. Seu casaco estava ao lado do de uma mulher com tanto perfume que acabou passando para seu paletó."

"Oh, essas mulheres têm hábitos estranhos", ele disse. Aprendi a contar algumas mentirinhas, como se pode ver.

Só era possível chegar à adega por fora. Meu companheiro, que era mais criativo que eu, conseguiu fazer um buraco no assoalho que permitia que guardássemos alguns itens lá sem ter de sair. Ele pôs uma mesa por cima, o que era bem útil.

Pouco a pouco, por nossa conta, conseguimos abrir um segundo salão. Então, quando arranjei outro lugar para morarmos, fizemos mais dois salões no primeiro andar. O problema sempre eram as cadeiras. No começo, quando meu vizinho, o padeiro, via um grupo chegando, dizia à sua filha: "Rápido, leve mais algumas cadeiras para a Madame Brazier. Corra logo." Se tinha dinheiro suficiente, comprava duas cadeiras. Mais tarde, consegui comprar quatro de uma vez. O vendedor me perguntou: "Por que está comprando duas cadeiras por vez? De quantas precisa?" Respondi: "Não sei, vinte ou talvez quarenta..."

Um ou dois dias depois estava enxaguando minhas toalhas perto da fonte no cruzamento da Rua Royale com a Rua Marceau, para economizar água, e ouvi uma caminhonete estacionando. Era uma entrega de cadeiras. Alguém está com sorte, pensei. Aí percebi que o veículo estava ao lado do restaurante e uma mulher estava saindo. "Estamos trazendo algumas cadeiras."

"Você está enganada. Não encomendei nenhuma", avisei.

RUE
ROYALE
RUE
BRAZIER

"Não, não encomendou, mas fiquei sabendo que seus clientes, às vezes, não têm onde sentar. Não gosto da ideia deles em pé. Não estou pedindo dinheiro. Pague quando puder."

Então, ela ordenou que o motorista levasse as cadeiras para dentro. Essa mulher era Madame Bonjour, que era de Cours de la Liberté. Todo mês eu atravessava a Ponte Morand para levá-la 10 ou 20 francos. Essa dívida me preocupava, pois eu não estava tendo muito lucro com meus cardápios de 5 francos. Entretanto, consegui pagá-la em um bom prazo.

Alguns de meus primeiros clientes eram médicos e contavam a todos sobre o restaurante. Havia um deles, em particular, muito conhecido: Presidente Herriot. Ele comia no Carillon, do Vettard, mas começou a vir com mais frequência a meu restaurante. Geralmente chegava cedo, sentava nos degraus e ficava no meio da arrumação – mas de maneira encantadora. Podia-se dizer que era bom de garfo. Gostava de comida boa e simples – salsichas quentes, frango com molho cremoso. Eu não servia caviar ou salmão defumado naquele tempo, mas isso não o incomodava. Césarine, sua secretária, vinha toda noite em busca de algo para o Presidente comer, pois ele trabalhava até tarde. Às vezes, eu preparava foie gras para ele, mesmo sendo um pouco gorduroso para sua dieta. Césarine levava o prato escondido para ele, para que Madame Herriot não visse.

Mais tarde, quando organizamos um grande evento no Vettard, em Paris, ele fez questão de que meu filho, Gaston, estivesse lá para ajudar. Era uma ordem do *Président*! Eu me lembro, após seu falecimento, de uma conversa em Col de la Luère em que alguns clientes criticavam Herriot. Um deles se levantou e disse algo que me agradou: "Sim, mas, se ele entrasse aqui agora, vocês todos se levantariam e o cumprimentariam." Era um homem honesto. Nunca conheci ninguém mais leal. Ele muitas vezes me atormentava na época da Guerra, quando havia racionamento. Ele me trazia vários clientes, mas era terminantemente proibido que a conta ultrapassasse 200 francos. Os preços eram absurdos naquele tempo; eu nunca lucrava. Ele não ligava. Não era rico nem se importava com dinheiro, porém gostava de comer bem, e isso me complicava. Mas ele também me fazia vários favores.

Haveria um grande jantar em um hotel em Lugdunum para os caçadores locais e pediram minha ajuda no cardápio. Sugeri alguns pratos simples, mas acrescentei: "Se estiver comendo em Lugdunum, é melhor que peça aos cozinheiros de lá que preparem alguns pratos clássicos de que gostem."

"Mas queremos que seja a sua culinária", disseram.

"Então subam à floresta nas montanhas de Col de la Luère e comam ao ar livre, como verdadeiros caçadores", respondi.

*(Ao lado) A equipe do restaurante durante a inauguração da Rua Eugénie Brazier e da placa em sua homenagem*

Alguns dias depois eles vieram me visitar. "OK, vamos comer aqui, mas queremos que nosso patrono (Herriot) esteja presente, e ele não viajará tão longe."

"Aposto que virá."

"OK, mas, se ele vier, pagaremos pelo jantar. Se ele não vier, não pagaremos."

"Combinado", acatei.

Fiquei um pouco preocupada, pois seriam mais de cem convidados. Contei a Césarine. Ela me ligou de volta: "O patrão está de bom humor, venha vê-lo, ele acordará em breve."

Eu me arrumei rapidamente, passei um pouco de pó de arroz no rosto e saí. Ele vivia em Herbouville, bem perto de mim. Quando me ouviu chegando, falou: "É você, La Mère? Entre."

Eu o vi, um homem grande de pijama, barba por fazer, mas sorrindo. "Então, minha linda [palavras dele], Césarine me contou a história. Não se preocupe! Estarei lá", ele falou.

Que alívio! Mas não durou muito. No dia do banquete, Césarine me telefonou para dizer que o Presidente estava com cólica e não iria comparecer. Entretanto ele veio mesmo assim, com seu chapéu russo e túnica aberta. Como não se sentia bem para participar do banquete, comeu na cozinha comigo e com seu chofer, Henri. Partiu em silêncio. Mas ele compareceu e fui paga. Ainda me lembro dele, andando com dificuldade até o carro, com sua velha túnica, sobre a qual Césarine comentou: "O mundo lhe oferece estátuas, quadros e biografias; será que não poderia oferecer uma túnica nova?"

Falei de Herriot e acabei pulando alguns anos. O que realmente me deixou conhecida, depois dos médicos, foi o óleo automotivo Spidoleine. Essa empresa organizava um *rally* que cruzava a Europa. Um ano, vieram a Saint-Fons, nos subúrbios de Lyon. O diretor, Serge André, veio jantar na Rua Royale e me pediu que preparasse um piquenique frio para os choferes, mecânicos e organizadores. Como gostou do que encontrou na cesta de piquenique, Serge André me convidou para ir a Paris todos os anos para montar o banquete Spido. Eu tinha de levar tudo – os frangos, as quenelles, todos os ingredientes. Não estava acostumada a cozinhar para parisienses e poderia cometer alguns erros. Levei, portanto, alguns profissionais de Lyon que já trabalhavam comigo e conheciam meu ritmo. Havia mais de duzentos lugares. Esse sucesso em Paris atraiu ainda mais clientes à Rua Royale e, durante o festival de Lyon, era uma loucura. Havia tanta gente que eu colocava mesas na calçada...

Tudo isso me esgotou e eu precisava descansar, então passei o negócio para meu filho, Gaston. Sabia que ele já era capaz de manter os padrões e o nível gastronômico naquele momento. Foi, então, que me ofereceram um terreno em Col de la Luère, no qual havia uma construção antiga de madeira. Não havia, porém, água, gás ou eletricidade. Era um local para descansar, nada mais. Entretanto, assim que comecei a me sentir melhor, passei a preparar alguns *casse-croûtes* para clientes antigos que vinham me ver e, aos poucos, ergui mais um restaurante. Mas tudo precisava ser construído. Queria que os clientes que achassem que valia a pena viajar até o topo das colinas, a vinte quilômetros de Lyon, tivessem todo o conforto de uma casa de verdade. Essa era a ambição, de forma simplista, de meu negócio.

Durante a Guerra, houve racionamento, e eu tive alguns problemas. Você sabe que minha cozinha não é executada com qualquer coisa e eu não costumo seguir as regras à risca. Levei multas pesadas algumas vezes, o estabelecimento foi fechado e até cheguei a passar uma semana na prisão. Quando reabrimos o restaurante em Col de la Luère, todos os meus clientes antigos voltaram.

Um dia, na Rua Royale, chegou uma família grande, seguida de um cavalheiro com uniforme cinza. Naquele tempo, famílias abastadas costumavam ter um chofer. Supus que o homem era o motorista, especialmente quando ele me perguntou: "Com licença, Madame, será que eu poderia comer algo?"

Fiquei brava ao ver a família negligenciando um empregado. Então, convidei o homem à cozinha e, enquanto todos estavam ocupados, o atendi pessoalmente. Sempre reservei alguns lugares para pessoas em serviço. Uns minutos antes, uma cliente havia me dado um pouco de massa para que eu cozinhasse para seu cachorro – um macarrão lindo e branco, do tipo que raramente vemos hoje em dia. Preparei o macarrão do cachorro para o chofer e umas sobras cinzentas e encardidas para o cachorro da mulher. Pus um molho de carne por cima, e nem o cachorro nem a dona perceberam. Com a massa, servi um pedaço de *entrecôte* ao chofer. Coloquei, inclusive, um pouco de manteiga e pedi que comesse direto da panela pois não havia nenhum prato quente na cozinha. Quando saiu, o "chofer" disse: "Obrigado, Madame, comi maravilhosamente bem. Acabo de voltar de um serviço militar no Midi, onde vi flores lindas, mas nada de interessante nos pratos. Hoje à noite, para jantar, contarei ao marechal que comi o melhor macarrão da minha vida. Certamente ele me dirá: 'Sim, você parece bem alimentado. Deve ter parado no restaurante de Mère Brazier, em Lyon...'". O chofer era um general. [Mère se recusou a dizer seu nome.]

Jamais agi de forma política. Cozinho o melhor que posso, só isso. A maior perda que tive foi a de meu filho, Gaston. Mas aquele estabelecimento foi mantido por minha nora e minhas meninas, que conservam a tradição...

*Como contado a Roger Moreau, 1975-1976*

# RECEITAS

*Notas aos cozinheiros*

*Les Oeufs*
Ovos

*Hors-d'Oeuvres et Entrées*
Entradas e aperitivos

*Les Poissons*
Peixes

*Les Volailles et Le Gibier*
Aves e carnes de caça

*Les Viandes*
Carnes

*Les Desserts*
Sobremesas

*Les Beurres et Les Sauces*
Manteigas e molhos

MÈRE
BRAZIER
12
ENTRÉE DU RESTAURANT

# NOTAS AOS COZINHEIROS

Este livro vem de uma tradição culinária oral – muitas receitas foram transcritas de entrevistas e nunca haviam sido anotadas. Apesar de bastante práticas, alguns componentes podem variar em relação ao que estamos acostumados hoje. Com o objetivo de preservar o estilo de cozinha de La Mère, decidimos tratar essas receitas como documentos históricos e não as mudar de modo algum.

É claro que La Mère preferia ela mesma abater as galinhas e limpar os peixes, logo, como consideramos interessante, mantivemos suas anotações da tradução original. Sugerimos pedir para seu açougueiro ou peixeiro preparar os cortes de carne ou peixes para você. Eles também podem ajudar com sugestões de substitutos adequados, caso não haja um corte de carne específico em sua região.

Os INGREDIENTES são ordenados por importância ou uso.

As QUANTIDADES são exatas apenas quando necessário; ou seja, você precisará, por exemplo, de recheio suficiente para o tamanho da galinha que tiver ou da quantidade de legumes que caiba em sua panela.

As ETAPAS de cada receita têm uma ordem precisa que deve ser seguida.

As TEMPERATURAS DE FORNO no restaurante variavam de acordo com a grade e sua posição no forno, portanto, não são extremamente precisas. Seus valores corresponderiam a:

| | |
|---|---|
| Brando ou baixo: | 85°C a 120°C |
| Médio ou moderado: | 160°C a 200°C |
| Quente: | 210°C a 240°C |
| Muito quente: | 270°C a 300°C |

Os TEMPOS DE COZIMENTO não são diferentes dos atuais; porém, como as refeições foram criadas para serem servidas em restaurante, há instruções para dispô-las em pratos bem quentes e levá-las direto da cozinha à mesa, sem demora.

Os MOLHOS têm seção própria no fim do livro, mas, como a técnica *beurre manié* (p. 254) é muitas vezes usada para ligar molhos, recomenda-se conhecê-la desde o início.

*(Ao lado) Entrada atual do restaurante Mère Brazier na Rua Royale, em Lyon*

# LES OEUFS
# OVOS

## OEUFS BROUILLÉS

OVOS MEXIDOS

*Esta talvez seja a melhor maneira de se preparar ovos. Algumas precauções são importantes para o ponto certo de cozimento e para o prato ficar cremoso, leve e macio.*

MANTEIGA
OVOS
SAL
PIMENTA
CREME DE LEITE FRESCO (OPCIONAL)

Derreta levemente um pedacinho de manteiga em uma caçarola de porcelana que possa ir ao forno ou em uma travessa de ferro fundido. Despeje os ovos batidos como se fosse para um omelete; tempere com sal e pimenta. Cozinhe em fogo bem baixo ou em banho-maria, até ficarem macios, mexendo sempre com a colher de pau.

Quando a mistura começar a encorpar, desligue o fogo. Acrescente outros ingredientes se quiser.

Por fim, adicione pedacinhos de manteiga ou creme de leite fresco. Sirva em ramequins ou em pequenos pratos quentes.

## OEUFS SUR LE PLAT

OVOS NO PRATO

*Preparar* oeufs sur le plat *é uma arte. Fernand Point, o famoso* cuisinier *do La Pyramide, em Vienne, julgava a habilidade de seus aprendizes por quão bem preparavam esse prato. La Mère usava uma panela grande com cabo e, segurando-a inclinada, despejava a manteiga quente sobre as gemas. Sirva com pão caseiro.*

MANTEIGA
OVOS
SAL
PIMENTA

Com uma panela de porcelana no fogo, coloque um pedaço de manteiga e deixe derreter. Quebre o ovo no prato e deixe-o deslizar para dentro da panela. Cozinhe em fogo bem baixo para a clara ficar leitosa e haver tempo de aquecer a gema.

À parte, derreta outro pedaço de manteiga, tempere com sal e pimenta, e, no fim, despeje a mistura sobre as gemas.

## OEUFS À LA CANTALIENNE

OVOS À MODA DE CANTAL

*Este prato também pode ser preparado com queijo Gruyère.*

OVOS
SAL
PIMENTA
MANTEIGA
CREME DE LEITE FRESCO
QUEIJO CANTAL

Use 2 ovos por porção. Separe as claras das gemas. Bata as claras até ficarem bem firmes e, no último instante, tempere-as com um pouco de sal e pimenta.

Unte, com manteiga, uma travessa funda para gratinar. Espalhe as claras batidas em uma camada e faça cavidades. Despeje as gemas nas cavidades, cubra com 1 colher (chá) de creme de leite e as fatias de queijo Cantal. Coloque em forno quente por 10 minutos.

## OEUFS POCHÉS

OVOS POCHÊ

*Ovos cozidos assim servem como guarnição para pratos ou legumes.*

OVOS
SAL
VINAGRE

Ferva uma panela de água com 2 colheres (chá) de sal e 1 colherada de vinagre por litro.

Quebre os ovos próximos à água fervente e deixe-os cair com cuidado. Cozinhe por 3 minutos sem deixar a água ferver novamente. As claras devem ficar firmes o bastante para segurar as gemas, que devem continuar líquidas.

Retire os ovos da água com uma escumadeira, resfrie em água gelada e deixe escorrer sobre um guardanapo.

Como variação, cozinhe e volte os ovos à panela (vazia) aquecida – com cuidado para não quebrá-los. Em seguida, deslize-os em um prato quente. Coloque um pedacinho de manteiga na panela para aquecer até ficar levemente dourada. Borrife um pouco de vinagre e despeje a mistura sobre os ovos.

## OEUFS FRITS

OVOS FRITOS

*Ovos fritos são menos comuns na França. Normalmente são servidos como guarnição para frango ou legumes.*

OVOS
ÓLEO PARA COBRIR OS OVOS
SAL
PIMENTA

Para fritar os ovos, aqueça o óleo – de preferência em panela pequena, pois só é possível fazer 1 ovo por vez. Com o óleo bem quente, despeje o ovo previamente quebrado sobre um prato e temperado com sal e pimenta. Misture bem com a colher de pau para a clara envolver totalmente a gema.

Deixe o ovo escorrer sobre um guardanapo e recomece o processo com o próximo ovo.

## OEUFS EN GELÉE

OVOS EM GELATINA

GELATINA DE ASPIC (P. 267)
TRUFA
PURÊ DE FÍGADO DE GANSO OU PATO
OVOS POCHÊ (P. 43)
PRESUNTO DE BAYONNE

Despeje um pouco de gelatina em fôrmas pequenas. Deixe endurecer e coloque uma fatia de trufa, uma camada de purê de fígado, um ovo pochê e presunto cru de Bayonne cortado em tiras finas. Preencha com gelatina. Deixe resfriar e endurecer.

Desenforme e sirva em seguida.

## OEUFS EN COCOTTE

OVOS EM COCOTTE

MANTEIGA
OVOS
CREME DE LEITE FRESCO (OPCIONAL)
ERVAS (OPCIONAL)
SAL
PIMENTA

Aqueça no forno pequenas caçarolas cocotte com um pedacinho de manteiga. Retire-as e coloque-as em banho-maria. Quebre os ovos, 2 por cocotte, e cozinhe-os em banho-maria por cerca de 10 minutos. Esse tempo depende da espessura e do tamanho das panelinhas.

Você pode acrescentar em cada cocotte, logo ao fim do cozimento, antes de servir, 1 colher (chá) de creme de leite muito fresco e algumas ervas frescas picadas. Tempere levemente com sal e pimenta-do-reino.

## OEUFS AU VIN ROUGE DE SANCERRE

OVOS EM VINHO TINTO

2 OVOS POR PESSOA
SAL
PIMENTA
5 OU 6 CEBOLAS PEQUENAS
1 XÍCARA DE VINHO SANCERRE
BEURRE MANIÉ (P. 254)

Em uma caçarola, coloque 2 xícaras de água com sal e pimenta. Pique bem fino 5 ou 6 cebolas e coloque-as na água. Deixe borbulhar levemente por 10 minutos. Escorra o excesso, acrescente o vinho tinto e cozinhe por mais 10 minutos.

Quebre os ovos e cozinhe-os nesse líquido por 10 minutos para ficarem firmes. Mantenha-os aquecidos.

Ligue o molho com o *beurre manié* para que fique cremoso, mas não muito grosso. Despeje-o sobre os ovos e sirva bem quente.

## SYMPHONIE D'OEUFS

SINFONIA DE OVOS

*Ovos não devem ser cozidos por mais de 10 minutos.*

14 OVOS
SAL
PIMENTA
SAUCE TOMATE (OPCIONAL)

Cozinhe 2 ovos e pique-os bem.

Faça 4 ovos pochê e mantenha-os aquecidos.

Prepare 4 omeletes pequenos e fininhos com 2 ovos cada um. Espalhe os ovos cozidos picados sobre eles com o ovo pochê no centro. Dobre as laterais em direção ao meio e coloque em um prato quente.

Sirva os omeletes com um bom *sauce tomate* (p. 264) – bem quente.

# OMELETTES

OMELETES

*Omeletes são rápidos e fáceis de fazer e podem ter recheios de diversos sabores. Em geral, recomendamos acrescentar 1 a 2 colheradas de creme de leite fresco a ovos bem batidos e temperados com sal e pimenta, para agregar cremosidade. O sucesso de um omelete depende de vários fatores, como frigideira – o fundo deve ser totalmente plano – e manteiga igualmente espalhada. É melhor esquentar a frigideira antes de começar a cozinhar e sempre deixar o fogo aceso. Para fazer o omelete clássico, aqueça um pouco de manteiga na frigideira plana. Quando estiver quente, despeje a mistura de ovos. Ao encorpar, dobre o omelete para cima.*

MOUSSELINE: Misture as gemas com a mesma quantidade de creme de leite fresco. Bata as claras até obter picos firmes, incorpore-as às gemas e despeje tudo na frigideira aquecida com um bom pedaço de manteiga. Frite o omelete, levantando as bordas em direção ao centro. Vire para o outro lado e tempere como um omelete comum.

ESPAGNOLE: Acrescente cebolas picadas refogadas na manteiga, um pouco de *sauce tomate* (p. 264) e salsa picada.

AUX FINES HERBES: Adicione salsa, cebolinha, estragão e cerefólio picados (ou azedinha refogada na manteiga).

FLORENTINE: Acrescente espinafre refogado na manteiga.

LORRAINE: Doure pedaços de bacon e despeje-os sobre o omelete com fatias de queijo Gruyère e cebolinha picada.

PARMENTIER: Salteie algumas batatas cortadas em cubinhos. Ao fim do cozimento, junte os ovos e deixe cozinhar sem dobrar.

SAVOYARDE: Junte fatias finas de batatas salteadas e fatias de queijo Gruyère à mistura de ovos. Cozinhe o omelete sem dobrar.

VOSGIENNE: Acrescente ao omelete um pouco de presunto defumado e queijo Gruyère.

## OMELETTE CHASSEUR

OMELETE À CAÇADORA

OVOS
FÍGADOS DE GALINHA
COGUMELOS
SAUCE TOMATE (P. 264)
SALSA
SAL
PIMENTA

Pique bem alguns fígados de galinha e aqueça-os com cogumelos picados. Reserve 2 colheradas dessa mistura e junte um pouco de *sauce tomate* no restante. Mantenha quente sem deixar ferver.

Prepare o omelete clássico e, antes de dobrá-lo, espalhe o molho por cima. Vire-o e coloque sobre um prato quente. Faça um corte no meio e recheie com os fígados e cogumelos reservados. Polvilhe salsa picada.

Sirva em pratos bem quentes.

Faça também com rins: corte rins de vitelo ou cordeiro em cubinhos e cozinhe-os na manteiga. Prepare o omelete, divida ao meio no sentido do comprimento, recheie com os rins e envolva com um pouco de *sauce tomate*.

Outros recheios podem incluir cogumelos refogados, trufas, camarões sem casca, croûtons etc.

## OMELETTE RICHEMONDE

OMELETE RICHEMONDE

COGUMELOS
MANTEIGA
OVOS
CREME DE LEITE FRESCO
SAUCE HOLLANDAISE (P. 257)
SAL
PIMENTA

Limpe os cogumelos com cuidado, fatie-os e refogue-os na manteiga. Acrescente 2 ou 3 colheres de creme de leite, dependendo do tamanho desejado.

Faça um omelete e dobre-o na frigideira.

Coloque-o sobre um prato quente. Divida-o ao meio e recheie com o molho de cogumelos. Cubra-o com o *sauce hollandaise* e sirva imediatamente.

# GÂTEAU DE FOIES DE VOLAILLE

BOLO DE FÍGADO DE GALINHA

*Cuidado! Como no suflê, este prato não pode esperar depois de pronto. Deve ser servido imediatamente.* O sauce tomate, *a crista e o rim de galinha precisam ser cozidos antes, com os cogumelos.*

FÍGADOS DE GALINHA
SALSA
CEREFÓLIO
SAUCE BÉCHAMEL (P. 255)
4 OVOS, GEMAS E CLARAS SEPARADAS
SAL
PIMENTA
MANTEIGA
FARELO DE PÃO
SAUCE TOMATE (P. 264)
1 CRISTA DE GALO
1 RIM DE GALINHA
COGUMELOS DO CAMPO
AZEITONAS VERDES

Apare os fígados, remova as fibras musculares e deixe-os de molho em água fresca. Escorra, seque bem e pique-os com um punhado de salsa e cerefólio lavados e secos.

Prepare um béchamel espesso com boa quantidade de manteiga e farinha e 2 xícaras de leite. Deixe cozinhar por alguns minutos.

Fora do fogo, use a colher de pau para incorporar 4 gemas. Acrescente a mistura de fígado picado e tempere com sal e pimenta. Bata as claras em neve até formar picos firmes e incorpore-as à mistura aos poucos, como em qualquer suflê.

Unte uma fôrma redonda, polvilhe farelo de pão e encha até a metade com a mistura. Asse em banho-maria em temperatura média por cerca de 20 minutos. O cozimento deve começar aos poucos.

Desenforme em tigela grande, despeje um bom *sauce tomate* ao redor e decore com cogumelos, a crista, o rim e azeitonas verdes.

## SOUFFLÉ DE JAMBON CUIT

SUFLÊ DE PRESUNTO

*Para garantir que o suflê não grudará nas laterais da fôrma, polvilhe-a com farinha antes de despejar a mistura.*

*Prossiga como se fosse fazer* o gâteau de foies de volaille *(ao lado), mas substitua os fígados por 450g de presunto cozido magro moído. Você também pode acrescentar um pouco de queijo parmesão ralado no béchamel.*

ALEXANDRA: Cozinhe e salteie pontas de aspargos na manteiga e acrescente ao suflê. Finalize com uma camada de trufas.

PÉRIGOURDINE: Na fôrma, alterne camadas da mistura do suflê com outras de trufas em fatias bem finas. Na hora de servir, polvilhe trufas picadas.

CARMEN: Alterne camadas da mistura do suflê com 2 ou 3 de tomates cozidos na manteiga e pimentão.

🍷 Pouilly-Fumé, Hermitage branco, Alsace

## SOUFFLÉ AU FROMAGE

SUFLÊ DE QUEIJO

- 4 COLHERES (SOPA) DE MANTEIGA
- ½ XÍCARA DE FARINHA
- 1 XÍCARA DE LEITE
- SAL
- PIMENTA
- NOZ-MOSCADA
- 1 ¼ XÍCARA DE QUEIJO GRUYÈRE RALADO
- 4 OVOS

Derreta a manteiga em panela de fundo grosso. Junte farinha e molhe com leite fervente. Tempere com sal, pimenta e noz-moscada ralada. O molho deve ficar como um béchamel espesso.

Fora do fogo, acrescente um pouquinho de manteiga e adicione gema a gema, trabalhando com a colher de pau. Acrescente 1 1/4 xícara de queijo Gruyère ralado. Bata as 4 claras até formar picos firmes. Incorpore-os ao molho.

Despeje a mistura na fôrma para suflê previamente untada, preenchendo-a somente até a metade. Polvilhe queijo Gruyére ralado. Asse no forno em temperatura média por 30 a 40 minutos. Sirva na fôrma.

🍷 Mâcon branco, Pouilly-Fumé

# SOUFFLÉ AU SAUMON

SUFLÊ DE SALMÃO

*Este prato é como uma quenelle, só que mais fácil de reproduzir sem os equipamentos de uma cozinha profissional. Esta receita rende 15 porções, pode ser feita com qualquer tipo de peixe e congelada sem problemas por 2 a 3 meses.*

SALMÃO (450G)
2 ½ XÍCARAS DE MANTEIGA
10 OVOS
2 COLHERES (CHÁ) DE PIMENTA
2 COLHERES (CHÁ) DE SAL
2 XÍCARAS DE CREME DE LEITE FRESCO
ÓLEO

Bata o peixe com o mixer até virar um purê. Acrescente a manteiga e continue batendo. Incorpore os ovos – um a um – e o tempero. Adicione o creme de leite e continue batendo até obter uma mousse.

Coloque a mistura em ramequins até ficarem 3/4 cheios. Não se esqueça de untar a parte de dentro dos recipientes com óleo para ficar mais fácil de desenformar. Asse-os em banho-maria em temperatura média por 30 minutos.

Sirva logo em seguida ou congele.

Para servir: Na travessa de gratinar, derreta um pedacinho de manteiga com um pouco de água salgada. Desenforme os suflê na travessa. Coloque no forno em temperatura média até dobrarem de tamanho.

Sirva com molho fervente de cogumelos, frutos do mar, *sauce nantua* (p. 259) ou apenas manteiga derretida quente e salsa.

🍷 Branco seco leve, Mâcon, Hermitage branco

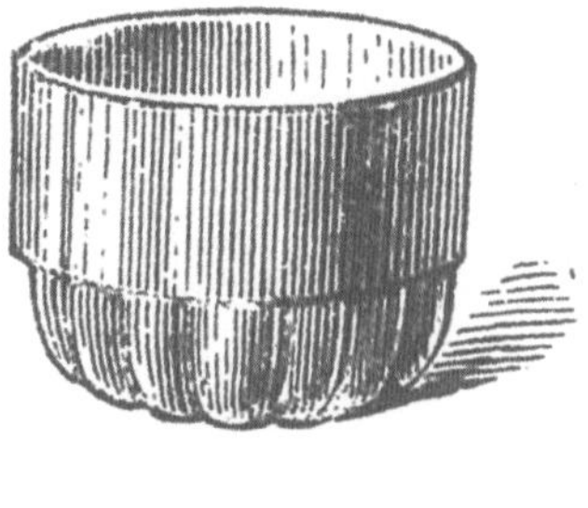

# QUENELLES DE BROCHET

QUENELLES DE LÚCIO

*É quase impossível obter a mistura perfeita de quenelle em cozinhas sem equipamento adequado. Sei essa receita de cor, mas é mais fácil comprá-las – trufadas ou não – em casas especializadas. Escolha quenelles com cerca de 85g por pessoa.*

*Esta iguaria não pode esperar que os convidados terminem o prato anterior e estejam prontos para serem servidos. La Mère ficava muito mal-humorada com isso, e muitas vezes recomeçava o preparo das quenelles.*

PARA 10 QUENELLES GRANDES:
1 ¼ XÍCARA DE LEITE
2 XÍCARAS DE FARINHA
1 ¼ XÍCARA DE MANTEIGA
LÚCIO (250G)
8 OVOS
SAL
PIMENTA
NOZ-MOSCADA

Faça uma pasta bem úmida com leite, farinha e 1/4 de xícara de manteiga. Deixe esfriar. Moa bem fino com um moedor de carne.

Incorpore 1 xícara de manteiga, carne de lúcio, ovos inteiros, sal, pimenta e noz-moscada a gosto. Trabalhe a mistura por 30 minutos.

Faça quenelles pequenas com uma colher (sopa) e cozinhe em água salgada em fogo brando por 15 minutos.

Coloque cada quenelle na travessa de gratinar com o molho – veja a seguir. O molho deve estar fervendo. Deixe cozinhar por 30 minutos em forno quente.

# SAUCE POUR LES QUENELLES

MOLHO PARA QUENELLES

PARA 10 QUENELLES:
1L DE LEITE INTEGRAL
BEURRE MANIÉ (P. 254)
1 XÍCARA DE CREME DE LEITE FRESCO
SAL
PIMENTA
450G DE COGUMELOS
MANTEIGA
1 COLHER DE FARINHA OU AMIDO DE MILHO

Ferva o leite. Ligue com o *beurre manié*. Não deixe ficar grosso demais. Acrescente creme de leite, sal e pimenta. Junte os cogumelos e ferva novamente. Prove! Despeje em travessa de gratinar grande o bastante para as quenelles dobrarem de volume.

Opcional: Sobra de *sauce américaine* (um velouté aromatizado com cascas de lagosta) pode substituir os cogumelos com alguns pedaços de lagosta.

🍷 Mâcon branco novo, Pouilly-Fuissé, Pouilly-Fumé

# FILETS DE SOLE EN COCONS

## FILÉS DE LINGUADO EM CASULOS

*Esta receita é inédita. Fruto da imaginação de um grande chef pouco conhecido – M. Menweg, dono do restaurante The Fillet of Sole, em Lyon –, havia sido perdida. Resolvemos incluí-la como lembrete do modo de preparo de seus peixes.*

1 LINGUADO (450G)
1 PEDAÇO DE TAMBORIL
100G DE COGUMELOS
CHALOTAS
SAL
PIMENTA
FARINHA
250G DE QUENELLES DE BROCHET (P. 51)
MANTEIGA

Retire 4 filés do linguado e achate-os na tábua. Para fazer o recheio, pique o tamboril, os cogumelos e as chalotas. Cozinhe tudo por alguns minutos e tempere com sal e pimenta. Espalhe a mistura sobre os filés de linguado e dobre-os para fechar.

Abra as *quenelles de brochet* sobre uma superfície enfarinhada até ficarem grandes o bastante para cobrir os filés. Embrulhe cada filé com a massa de quenelle para parecer coberto por um lençol. Cozinhe os "casulos" na caçarola com água salgada fervente, mergulhando-os um a um com cuidado. Deixe cozinhar em fogo brando por 20 minutos.

Retire os casulos com uma escumadeira e coloque-os sobre um guardanapo. Essa primeira parte do preparo pode ser feita na noite anterior.

Para finalizá-los, coloque-os na travessa de gratinar bem untada e com mais um pedaço grande de manteiga. Acrescente 1 xícara de água salgada. Asse os casulos em forno quente por 15 a 20 minutos. Devem ficar bem dourados.

Sirva-os assim, com o líquido do cozimento, ou com molho de lagosta ou *sauce nantua* (p. 259), caso prefira um prato mais refinado.

🍷 Pouilly-Fuissé, Pouilly-Fumé

# Menu Clássico de La Mère Nº 1

*Fonds d'Artichauts au Foie Gras*

Alcachofras com foie gras

(p. 56)

◆

*Langouste Belle Aurore*

Lagosta à Belle Aurore

(p. 98)

◆

*Volaille Demi-Deuil*

Frango em meio-luto (p. 142)

◆

*Fromages Assortis*

Queijos variados

◆

*Tous les Desserts*

Sobremesa à sua escolha

# HORS-D'OEUVRES ET ENTRÉES

# ENTRADAS E APERITIVOS

# FONDS D'ARTICHAUTS PÉRIGOURDINE

## ALCACHOFRAS À MODA DO PERIGORD

*Alcachofras devem ser servidas com torradas quentes, como aperitivo ou após um assado, se for uma refeição leve. A única parte difícil é raspar o fundo das alcachofras. Para isso, é necessária uma faca extremamente afiada, curta e pontuda.*

*Abra bem as folhas principais da alcachofra sem cortá-las. Retire as inferiores, removendo todas as partes verdes. Apare as laterais até obter a altura desejada. Arranque a "barba" com uma faca, deixando apenas a polpa. Coloque a alcachofra imediatamente em água gelada com limão.*

- 1 ALCACHOFRA POR PESSOA
- LIMÃO-SICILIANO
- SAUCE VINAIGRETTE (P. 264)
- SALADA DA ESTAÇÃO
- SAL
- PIMENTA
- TRUFAS
- NOZES
- SALSA
- PRESUNTO DE BAYONNE (OPCIONAL)

Coloque as alcachofras em panela grande com água e ferva – a água deve começar fria e sem nenhum limão (ao contrário do que muitos pensam, o limão ganha um sabor desagradável quando cozido). As alcachofras estarão cozidas quando você conseguir espetá-las facilmente com um garfo.

Deixe-as imersas em água até a hora de usar.

Tire as alcachofras 15 minutos antes de servir, seque-as com uma toalhinha e deixe-as marinando no vinagrete.

Retire-as depois de 15 minutos e coloque-as em travessa de barro ou porcelana, sobre uma cama de salada da estação já temperada. Decore com trufas em julienne, nozes e polvilhe salsa picada. Você também pode acrescentar um pouco de presunto de Bayonne.

FONDS D'ARTICHAUTS AU FOIE GRAS: Siga a receita acima, mas acompanhe as alcachofras com uma fatia de foie gras frio.

Sirva com torradas bem quentes.

# STOFINADO

PURÊ DE BACALHAU

*O termo "stofinado" remete a peixe pendurado para secar.*

BACALHAU SALGADO
ÓLEO DE CASTANHA
4 OU 5 OVOS
1 XÍCARA DE CREME DE LEITE FRESCO
SAL
PIMENTA
SALSA
ALHO

Coloque o bacalhau de molho por 24 horas em água limpa, trocando a água com frequência.

Escorra, seque e corte o peixe em fatias finas como se fosse salmão defumado. Aqueça um pouco de óleo de castanha (qualquer tipo) e cozinhe o peixe, mexendo sempre com a colher de pau, até obter um purê branco.

Bata os ovos com o creme de leite; tempere com sal e pimenta. Acrescente a mistura ao peixe e reserve por alguns minutos.

Quando servir (deve estar bem quente), polvilhe uma colherada generosa de salsa picada e 2 dentes de alho socados.

🍷 Mâcon branco

# PÂTE FEUILLETÉE

MASSA FOLHADA

*Esta massa pode ser armazenada em geladeira após virada 4 vezes. Para usá-la, retorne à temperatura ambiente e abra mais 2 vezes. Tradicionalmente, a massa é aberta até formar um retângulo plano, virada 4 vezes no sentido anti-horário e depois dobrada novamente sobre si em terços iguais. A massa folhada semipronta é facilmente encontrada na maioria dos supermercados hoje em dia.*

- 5 XÍCARAS DE FARINHA
- 2 COLHERES (CHÁ) DE SAL
- 2 ½ XÍCARAS DE MANTEIGA

Peneire a farinha em superfície de mármore ou mesa. Faça um buraco no centro. Acrescente sal, 1 1/4 xícara de água e comece a sovar para a farinha absorver todo o líquido. A massa deve ficar firme e elástica. Algumas farinhas absorvem mais líquido que outras.

Abra a massa em retângulo com 2cm de espessura. Trabalhe a manteiga com seus dedos até ficar com a mesma consistência da massa e espalhe-a pela superfície da massa. Dobre as 4 pontas, embrulhando a manteiga. Abra a massa na superfície e repita 3 vezes.

Dê 1/4 de volta e comece novamente. Deixe descansar por 1 hora.

Abra e vire a massa mais 2 vezes, depois deixe descansar por mais 1 hora. Abra novamente, 2 vezes, antes de estar pronta, repetindo as mesmas ações.

Remova qualquer excesso de farinha para fora e dobre a massa sobre si mesma novamente.

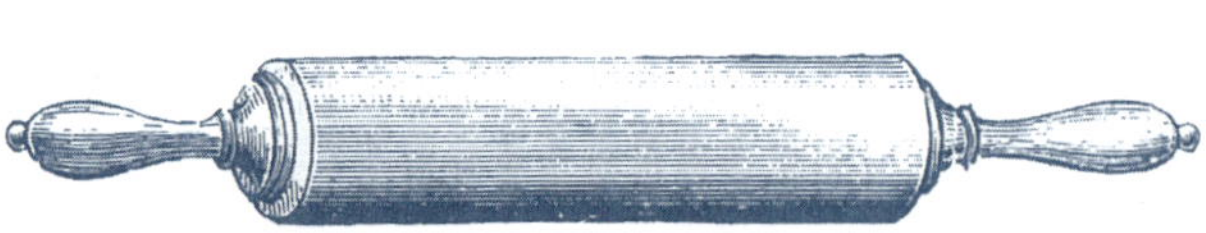

# LES BOUCHÉES

## CANAPÉS

Bouchées *(significa "bocados" – também chamados de* barquettes *ou tortinhas, dependendo do formato) são pequenos croûtons feitos com* pâte feuilletée *(massa folhada). Você pode comprá-los prontos e levá-los diretamente ao forno com o recheio que quiser. Ficam, porém, muito melhores se feitos em casa. Você também pode colocar os recheios em fôrmas de porcelana refratária, o que é mais rápido e não demanda que se faça a massa folhada.*

PÂTE FEUILLETÉE (AO LADO)
OVO

Abra a *pâte feuilletée* até ficar com quase 1,7cm de espessura e corte bolsinhas redondas com cerca de 8cm de diâmetro. Pincele com ovo batido. Marque a superfície do topo com a ponta de uma faca. Asse em forno quente por cerca de 15 minutos.

Podem ser recheados de infinitos jeitos: com legumes, carnes, peixes, frutos do mar etc. Solte sua imaginação!

ARROZ: Arroz cozido com tomates espremidos e pimentões picados.

FRANGO: Cortado em cubinhos, misturado com molho velouté espesso de frango com creme.

PEIXE: Um *salpicon* de peixe em cubos com cogumelos picados e *sauce normande* (p. 260), aquecido no forno.

OSTRAS: Ostras cozidas, escorridas e aparadas com molho mornay, um pouquinho de manteiga e aquecidas sob um gratinador.

## CHAUSSONS AUX TRUFFES

PASTEIZINHOS DE TRUFAS

TRUFAS
SAL
PIMENTA
ESPECIARIAS (PIMENTA, CRAVO, NOZ-MOSCADA, CANELA)
GORDURA SUÍNA OU BACON
PÂTE FEUILLETÉE (P. 58)
GEMA

Descasque algumas trufas médias (tamanho de uma castanha). Tempere com sal e um toque de pimenta e especiarias. Enrole cada uma com uma fatia fina de toucinho ou bacon, sem sal.

Abra 1 folha de *pâte feuilletée* com 2mm de espessura e corte círculos de diâmetro entre 7cm e 8cm. Feche as trufas envolvidas na gordura dentro dos círculos de massa e umedeça as bordas para ficarem bem seladas.

Distribua na assadeira e pincele com gema. Asse por 20 a 30 minutos em forno quente e sirva imediatamente.

🍷 Pouilly-Fuissé, Pouilly-Fumé, Alsace

## PÂTE À BRIOCHE

MASSA DE BRIOCHE

*Para o fermento, recomendamos 1/2 a 2 colheres (chá) no verão e 1 colher (sopa) no inverno. Acrescente 1/4 de xícara de açúcar se quiser massa doce.*

5 XÍCARAS DE FARINHA
1 COLHER (SOPA) DE SAL
6 OVOS
½ COPO DE LEITE
1 ½ A 2 XÍCARAS DE MANTEIGA
FERMENTO BIOLÓGICO

Prepare a massa no dia anterior, por volta das 4 da tarde.

Peneire a farinha em tigela grande o bastante. Acrescente o sal, o açúcar, os ovos e o fermento dissolvido no leite morno.

Após bater por alguns minutos, adicione manteiga de boa qualidade, em temperatura ambiente. Continue batendo por mais 15 minutos para encorpar a massa. Deixe descansando em local morno, sem cobrir, e com bom fluxo de ar por 2 horas, para crescer.

Bata novamente por 2 a 3 minutos. Cubra a mistura e deixe ao ar livre ou na geladeira se for verão.

No dia seguinte, trabalhe a massa mais um pouco. Tempere se quiser (dependendo da ocasião) e deixe crescer novamente em ambiente morno.

Asse em forno quente por 25 minutos.

## SAUCISSON EN FEUILLETAGE OU EN BRIOCHE

LINGUIÇA ENROLADA EM MASSA

A pâte feuilletée *é mais delicada e mais leve que a* pâte à brioche. *Este prato é bem conhecido na região de Lyon – o problema é encontrar linguiças de boa qualidade. Não perfure a linguiça (como muitos fazem).*

LINGUIÇA
SAL
PÂTE FEUILLETÉE (P. 58) OU PÂTE À BRIOCHE (AO LADO)
GEMA

Cozinhe lentamente a linguiça em água, o bastante para cobrir, e sal. Mantenha em fogo baixo por cerca de 15 minutos sem deixar ferver. Retire-a antes de estar completamente cozida e remova a pele.

Enrole a carne da linguiça na folha de *pâte feuilletée* com cerca de 5mm de espessura. Pincele com gema e asse em forno médio por cerca de 30 minutos.

Se for usar *pâte à brioche*, enrole a carne em massa de brioche com cerca de 1,5cm de espessura. Mantenha em área morna, longe de correntes de ar. Deixe crescer por 1 hora. Pincele com gema e asse em forno médio por cerca de 30 minutos.

🍷 Pouilly-Fumé, Mâcon branco, Alsace

## FOIE GRAS EN BRIOCHE

FOIE GRAS EM BRIOCHE

FOIE GRAS AU NATUREL (P. 62)
PÂTE À BRIOCHE (AO LADO)
SAL
PIMENTA

Prepare o *foie gras au naturel* – mas não cozinhe por tanto tempo. Deixe esfriar e remova com cuidado toda a gordura.

Forre a fôrma oval ou outra um pouco mais longa que o foie gras com *pâte à brioche* não adoçada. Certifique-se de as laterais serem altas o bastante para a massa não as cobrir. Coloque o foie gras sobre a massa, dobre o restante da massa e deixe crescer ao ar livre até o volume dobrar. Asse no forno em temperatura média por 40 a 45 minutos.

Sirva quente ou frio, como preferir.

🍷 Alsace, Champagne

## FOIE GRAS AU NATUREL

FOIE GRAS DE PATO OU GANSO

*O fígado de ganso é mais delicado e elegante que o de pato, que é um pouco mais rústico.*

1 FOIE GRAS FRESCO DE PATO OU DE GANSO (800G)
ESPECIARIAS (PIMENTA, CRAVO, NOZ-MOSCADA, CANELA)
SAL
PIMENTA
1 COPO DE CONHAQUE
1 COPO DE VINHO DO PORTO
GORDURA DE GANSO (OPCIONAL)
BANHA
TRUFA

Escolha um fígado firme, levemente rosado. Remova qualquer traço de veias ou ligamentos. Coloque-o na terrine com especiarias, sal, conhaque e vinho. Marine por horas, lembrando-se de virá-lo.

Seque bem e coloque-o na panela com fundo grosso, com ou sem a gordura de ganso, e cozinhe muito lentamente. Deixe no fogo por cerca de 40 minutos até que não haja nenhum traço de sangue ao espetá-lo com uma agulha de tricô.

Deixe esfriar o fígado e, com a gordura bem absorvida, ponha-o na terrine sobre camada de toucinho. Feche hermeticamente e mantenha-o gelado.

Ao servir, apare a gordura, fatie e decore-o com fatias de trufa.

🍷 Chablis, Meursault, Alsace

## ESCALOPES DE FOIE GRAS FRAIS BRILLAT-SAVARIN

FOIE GRAS À BRILLAT-SAVARIN

*Também pode ser servido com* les bouchées *recheados com cogumelos cremosos (p. 59).*

1 FOIE GRAS FRESCO DE PATO OU GANSO
TRUFAS
MANTEIGA
PÃO
1 OVO
ÓLEO
SAL
PIMENTA

Corte o fígado em escalopes levemente espessos. Faça um corte no sentido do comprimento na superfície dos escalopes. Frite algumas fatias de trufa fresca na manteiga e coloque-as dentro dos cortes.

Feche os escalopes como sanduíches e passe-os na mistura à *l'anglaise*: 1 ovo batido, 1 colher de água, 1 colher de óleo, uma pitada de sal e uma de pimenta. Cozinhe na manteiga em fogo brando.

Distribua sobre torradinhas finas de pão fritas na manteiga.

🍷 Alsace, Chablis, Meursault, Champagne

# PÂTÉ DE FOIE GRAS FAÇON STRASBOURG

PATÊ DE FOIE GRAS À MODA DE ESTRASBURGO

- 400G DE FILÉ DE CARNE SUÍNA
- 2 ¼ XÍCARAS DE GORDURA DE GANSO FRESCA
- 140G DE APARAS DE FOIE GRAS DE PATO OU DE GANSO
- SAL
- PIMENTA
- ESPECIARIAS (PIMENTA, CRAVO, NOZ-MOSCADA, CANELA)
- 1 COPO DE VINHO DO PORTO
- 1 COPO DE VINHO MADEIRA
- 1 COPO DE CONHAQUE
- 1 FOIE GRAS DE PATO OU GANSO (800G)
- TRUFAS
- PÂTE À BRIOCHE (P. 60)
- GEMA
- GELATINA DE ASPIC (P. 267)

No liquidificador, bata a carne suína, a gordura e as aparas de fígado até obter uma pasta bem uniforme. Acrescente sal, pimenta, especiarias, vinho do Porto, vinho Madeira e conhaque. Misture bem.

Apare o fígado inteiro e decore com trufas frescas.

Forre uma fôrma alta e oval para patê com uma camada de *pâte à brioche* aberta na folha de 3mm de espessura. Encha com metade das carnes processadas. Coloque o fígado inteiro no centro e cubra com o restante da pasta de carne. Pressione para compactar. Cubra com a massa de brioche e sele as bordas com água, virando-as para fora para criar bordinhas. Faça uma pequena chaminé no centro com papel-manteiga. Pincele com gema. Asse no forno em temperatura média. Deixe assar por 30 minutos para cada quilo de carne.

Quando o patê estiver frio, despeje gelatina de aspic de boa qualidade, enriquecida com vinhos Madeira e do Porto, pela chaminé.

🍷 Riesling

## POMPONNETTES DE FOIE GRAS

POMPONS DE FOIE GRAS

- 2 ½ XÍCARAS DE FARINHA
- 1 PITADA DE SAL
- ¼ DE XÍCARA DE AMÊNDOAS
- ¾ DE XÍCARA DE MANTEIGA DERRETIDA
- 4 OVOS
- 200G DE FOIE GRAS FRESCO DE PATO OU GANSO
- 2 COLHERES DE TRUFA PICADA
- PISTACHES
- ÓLEO PARA FRITAR

Faça a massa com farinha, sal, amêndoas tostadas e picadas, manteiga derretida, ovos e 1/2 xícara de água. Sove com a ponta dos dedos e soque 2 vezes como se fosse fazer *pâte brisée* (p. 82). Deixe descansar por 2 horas.

Esprema o fígado por uma peneira. Separe 1/3 desse purê e acrescente as trufas picadas. Faça 20 bolinhas dessa mistura e insira 1 pistache sem casca em cada uma.

Embrulhe as bolinhas de fígado com pistache em um envelope do purê de fígado restante.

Abra a massa deixando com 3mm de espessura e corte em círculos de 8cm. Umedeça as bordas e feche com as bolinhas de fígado dentro. Frite por alguns minutos em óleo bem quente.

Sirva bem quente sobre um guardanapo.

🍷 Vinho do Porto, Alsace

## CAILLETTES DE L'ARDÈCHE

CAILLETES DE ARDÈCHE

*A acelga verde-escura é parente da beterraba, mas só comemos os talos e as folhas.*

- 450G DE ACELGA VERDE-ESCURA
- 100G ESPINAFRE
- 1 TALO DE AIPO
- 140G DE FÍGADO DE PORCO
- 140G CARNE DE LINGUIÇA
- SAL, PIMENTA, PIMENTA-DA-JAMAICA, MANJERICÃO SECO E TOMILHO
- PELE DE LINGUIÇA
- MANTEIGA OU BANHA

Branqueie a acelga, o espinafre e o aipo. Pique os legumes, o fígado e misture bem com a carne de linguiça. Tempere com sal, pimenta, pimenta-da-jamaica, manjericão seco e tomilho. Sove bem para mesclar.

Faça bolinhas e embrulhe-as em pele de linguiça. Asse na travessa bem untada por 20 minutos em forno brando.

Sirva bem quente, com um bom purê de batatas, ou frio.

🍷 Côtes-du-Rhône leve

# Menu Clássico de La Mère Nº 2

*Huîtres de Belon*

Ostras de Belon

◆

*Saumon Fumé*

Salmão defumado

◆

*Poularde de Bresse "Mère Brazier"*

Galinha de Bresse à "Mère Brazier"

◆

*Pâté Foie Gras façon Strasbourg*

Patê de foie gras à moda de Estrasburgo (p. 63)

◆

*Salade de Scarole*

Salada de escarola

◆

*Bombe Glacée aux Ananas Frais*

Bomba gelada com abacaxi fresco

## GRATINÉE LYONNAISE

SOPA DE CEBOLA À MODA DE LYON

200G DE CEBOLA
MANTEIGA
2L DE CALDO DE GALINHA
BAGUETE
QUEIJO GRUYÈRE
3 OU 4 GEMAS (OPCIONAL)
1 COPO DE VINHO DO PORTO (OPCIONAL)

Pique bem as cebolas e aqueça-as na manteiga. Deixe corar e cubra com caldo básico ou de um *pot-au-feu* (você pode completar com um pouco de água). Deixe cozinhar por 10 minutos.

Enquanto cozinha, corte algumas rodelas da baguete e deixe secar no forno até ficarem levemente douradas.

Coloque as rodelas em terrine refratária para sopa. Alterne uma camada de fatias de pão com uma de queijo Gruyère ralado, sucessivamente. Despeje o caldo, coado ou não, como preferir. Coloque em forno quente por 30 minutos para dourar.

Você pode servir a sopa assim ou, para aprimorá-la, misturar 3 ou 4 gemas batidas com um copo de vinho do Porto logo que sair do forno. Despeje a mistura dentro da sopa – debaixo da cama de pão – e mexa bem com o caldo.

Sirva em terrines quentes com queijo Gruyère ralado na mesa.

🍷 Mâcon branco, Beaujolais nouveau, vinho do Porto

## PRUNEAUX FARCIS

AMEIXAS RECHEADAS

*Ameixas d'Agen vêm do sudoeste da França. São o tipo mais famoso de ameixa, vendido em todo o mundo.*

AMEIXAS D'AGEN
ARROZ
CERVEJA
CALDO DE GALINHA
AMÊNDOAS

Deixe algumas ameixas d'Agen de molho em água morna. Escorra e seque. Cozinhe-as no caldo de galinha – 10 minutos devem bastar. Escorra e retire os caroços. Reduza o líquido do cozimento até obter uma calda espessa.

Prepare um risoto com metades da cerveja e do caldo de galinha.

Recheie as ameixas com o risoto. Distribua-as na travessa de gratinar e despeje a calda por cima. Coloque em forno quente por alguns minutos e sirva com amêndoas tostadas picadas.

🍷 Cerveja

## CHAMPIGNONS FARCIS

COGUMELOS RECHEADOS

*La Mère especifica godiveau, um patê ou linguiça tradicional que é servido quente e feito com carne bovina e andouillette ou barriga de porco. Sempre o servia como entrada nas comemorações anuais de 11 de novembro.*

12 COGUMELOS GRANDES
RECHEIO DE LINGUIÇA TIPO GODIVEAU
MANTEIGA
2 CHALOTAS
FARINHA
1 COPO DE VINHO BRANCO SECO
SAL
PIMENTA

Limpe os cogumelos com cuidado. Tire os talos e recheie com carne.

Pique os talos dos cogumelos bem finos e refogue-os na manteiga com 2 chalotas picadas. Logo que corar, polvilhe 1 colher de farinha. Regue com vinho branco. Tempere com sal e pimenta e deixe reduzir por alguns minutos.

Passe os cogumelos na farinha e doure na frigideira com manteiga, com o lado recheado para cima. Distribua-os sobre a travessa untada, com o recheio para cima, cubra com a mistura de chalotas e coloque em forno quente por alguns minutos. Sirva bem quente em pratos quentes.

🍷 Muscadet, rosé

## CHESTER CAKE

BOLO DE QUEIJO LANCASHIRE

*O Lancashire é um queijo inglês feito com leite de vaca.*

1 ½ XÍCARA DE FARINHA
⅓ DE XÍCARA DE MANTEIGA
1 ¼ XÍCARA DE QUEIJO LANCASHIRE RALADO
3 GEMAS
SAUCE BÉCHAMEL (P. 255)
SAL
PIMENTA CAIENA

Faça a massa bem misturada com farinha, manteiga, 1 1/4 xícara de queijo Lancashire ralado e 2 gemas.

Abra a massa e deixe com 5mm de espessura. Corte formatos circulares de galette. Pincele com gema. Asse em forno quente por cerca de 15 minutos.

Você pode servir essas galettes como sanduíches, recheando-as com um purê feito com 1 xícara de béchamel espesso, uma gema, o restante do queijo, um pedacinho de manteiga, sal e pimenta caiena.

🍷 Cerveja, vinho branco

## CRÊPES FARCIES GRATINÉES

CREPES RECHEADOS

*Crianças costumam gostar desse tipo de prato. Os recheios podem variar de acordo com as sobras que tiver. Como em todos esses tipos de entrada, você pode dar asas à imaginação, o que costuma trazer resultados excelentes... Ou tentar fazer como a seguir:* antiboise *são cubos de atum fresco com ovos cozidos picados, ligados com* sauce béchamel *e* beurre d'anchois *(manteiga de anchovas, p. 252); indienne são cebolas picadas refogadas na manteiga com cogumelos picados salteados – ligue com molho béchamel temperado com curry em pó. Para* périgourdine, *faça um purê de fígado de pato ou ganso misturado com trufas picadas.*

PÂTE À CRÊPES (P. 234)
FRANGO, CARNE OU PEIXE PICADOS
COGUMELOS
SAUCE BÉCHAMEL (P. 255)
MANTEIGA
QUEIJO GRUYÈRE

Prepare alguns crepes pequenos com massa sem açúcar.

Recheie-os com sobras picadas de frango, carne branca ou peixe. Acrescente alguns cogumelos picados e ligue com o béchamel.

Coloque os crepes na travessa de gratinar, despeje um pouco de *sauce béchamel* bem engrossado com creme de leite e polvilhe queijo Gruyère ralado. Gratine em forno quente e sirva bem quente.

🍷 Branco, rosé

## CRÊPES AUX TRUFFES

CREPES TRUFADOS

PARA 15 CREPES:
1 ½ XÍCARA DE FARINHA
3 PITADAS DE SAL
2 OVOS
2 XÍCARAS DE LEITE
1 TRUFA FRESCA
4 COLHERES (SOPA) DO CALDO DA TRUFA
MANTEIGA

Em uma tigela, faça um buraco na farinha e acrescente o sal e os ovos. Misture tudo até obter massa uniforme. Despeje o leite e misture. Peneire para garantir que não haja grumos. Deixe descansar por 1 hora.

Corte a trufa em julienne – palitos finos – e incorpore-a à massa com seu caldo.

Unte uma frigideira com manteiga e despeje massa o bastante para cobrir. Cozinhe até encorpar.

## POUNTARI AUVERGNAT

POUNTARI DE AUVERGNE

280G DE BARRIGA DE PORCO
1 CEBOLA
SALSA
200G DE ACELGA VERDE-ESCURA BRANQUEADA
LEITE
FARINHA
2 OVOS
SAL
PIMENTA
MANTEIGA

No moedor, faça uma mistura compacta com a barriga, a cebola, a salsa e a acelga verde-escura.

Prepare a massa com leite, farinha e ovos – como a de crepe, só que mais espessa. Tempere-a com sal, pimenta e junte à mistura de carne com acelga. Despeje a mistura na cocotte levemente untada com manteiga e asse por cerca de 1 hora.

O *pountari* está cozido quando uma crosta dourada se forma ao redor das bordas da cocotte. Coma quente.

🍷 Branco, tinto

## BLINIS

BLINIS

*Blinis são cozidos como crepes – na frigideira pequena –, mas um pouco mais grossos que uma panqueca e cozidos por mais tempo, para formar uma crostinha. Podem ser servidos com caviar, salmão defumado, manteiga fresca ou creme de leite fresco grosso.*

1 COLHER DE LEVEDO DE CERVEJA
2 XÍCARAS DE LEITE
5 XÍCARAS DE FARINHA
1 ½ XÍCARA DE TRIGO SARRACENO
3 OVOS, GEMAS E CLARAS SEPARADAS
SAL
AÇÚCAR
¾ DE XÍCARA DE MANTEIGA

Dissolva o fermento no leite. Acrescente uma mistura das duas farinhas. Sove com 3 gemas. Tempere com sal, coloque açúcar e junte a manteiga derretida.

Bata as claras em neve e incorpore-as à mistura. Deixe descansar da noite para o dia.

🍷 Vodca, Champagne, Alsace leve, cerveja leve

# CRAPIAUX MORVANDIAUX

PANQUECAS DE BATATA

*Estas panquecas podem ser servidas quentes ou frias. São recomendadas como entrada se o cardápio é um pouco leve.*

3 BATATAS
3 COLHERES (SOPA) DE FARINHA
3 OVOS
LEITE
SAL
ÓLEO

Rale as batatas. Acrescente a farinha, os ovos, um pouco de leite e uma pitada de sal. Trabalhe com cuidado para obter a massa levemente mais espessa que a de panquecas.

Aqueça o óleo em uma frigideira grande o bastante para fazer uma panqueca de 5mm de espessura. Deixe cozinhar bem antes de virar e continuar.

🍷 Branco seco, rosé

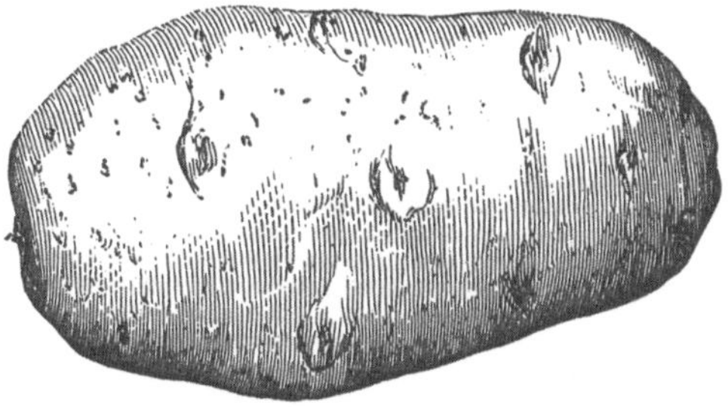

# ESCARGOTS DE BOURGOGNE

ESCARGOTS BORGONHESES

*Quando os caracóis estiverem bem quentes, antes de servir, você pode despejar um pouco de vinho branco seco.*

100 CARACÓIS COMESTÍVEIS
SAL MARINHO
1 GARRAFA DE VINHO BRANCO SECO
CENOURAS
CEBOLAS
TALOS DE SALSA
CEREFÓLIO
BOUQUET GARNI
2 DENTES DE ALHO
PIMENTA-DO-REINO EM GRÃO
BEURRE D'ESCARGOTS (P. 253)

Na noite anterior, lave os caracóis com cuidado e tempere bem com sal marinho. Cubra e deixe da noite para o dia. Prepare a *beurre d'escargots*.

No dia seguinte lave os caracóis com muitas trocas de água limpa até não haver mais sal ou espuma. Despeje-os na panela grande com água fervente. Cozinhe por 5 minutos.

Deixe esfriar até poderem ser manuseados um a um. Retire-os de suas conchas com um garfo para escargots. Remova a veia preta. Lave novamente em água limpa e deixe escorrer na peneira.

Faça um court bouillon com vinho branco, cenouras picadas, cebolas, talos de salsa, cerefólio, bouquet garni, alho e grãos de pimenta. Acrescente os caracóis. Cozinhe por pelo menos 2 horas.

Escorra e seque os caracóis no pano. Coloque um pedacinho de *beurre d'escargots* em cada concha, em seguida, um caracol, e depois feche com mais manteiga.

Para servir, coloque em forno quente por alguns minutos até a manteiga derreter.

*(Verso) La Mère trincha um frango*

## PÂTE À NOUILLES

MASSA FRESCA

FARINHA
OVOS
MANTEIGA
SAL
PIMENTA

Faça uma montanha de farinha sobre a mesa. No meio, coloque uma pitada de sal, 2 ovos inteiros, 2 gemas e manteiga, e sove bem. Mantenha a massa ao ar livre, coberta por um pano, por pelo menos 2 horas.

Abra-a bem fina, como uma folha de papel, dobre para cima e corte em tiras finas, enfarinhando durante o processo.

Sacuda o excesso de farinha e coloque em água fervente por cerca de 10 minutos.

## BEURRECKS À LA TURQUE

CHARUTINHOS TURCOS

*Os "turcos" – bordas dobradas para cima como os sapatos de um sultão – são também mencionados por Escoffier.*

QUEIJO GRUYÈRE
SAUCE BÉCHAMEL (P. 255)
PÂTE À NOUILLES (ACIMA)
OVOS
FARELO DE PÃO

Coloque o Gruyère no molho béchamel espesso. Misture bem e deixe esfriar completamente. Abra com o rolo e corte em cilindros pequenos com 15cm de comprimento. Enrole cada um com uma camada fina de massa fresca. Passe em ovo batido e farelo fresco de pão.

Frite por imersão e escorra sobre papel toalha. Sirva bem quente.

🍷 Alsace, Mâcon branco

## PÂTE À CHOUX

MASSA CHOUX

- 1 COLHER (SOPA) DE SAL
- 2 COLHERES (SOPA) DE AÇÚCAR (OPCIONAL)
- 1 XÍCARA DE MANTEIGA
- 3 XÍCARAS DE FARINHA
- 12 OVOS

Em panela de fundo grosso, aqueça 2 xícaras de água com o sal. Acrescente a manteiga e, assim que ferver, adicione a farinha peneirada de uma só vez. Misture vigorosamente com a colher de pau até a massa ficar bem homogênea e desgrudar das laterais.

Deixe esfriar um pouco e incorpore, um a um, os ovos inteiros, sem parar de mexer. Deixe a massa descansar por 1 hora.

## GNOCCHIS À LA PARISIENNE

GNOCCHI PARISIENSE

*Em italiano, "gnocco", o singular de "gnocchi", significa "pãozinho".*

- PÂTE À CHOUX
- BATATAS ESPREMIDAS
- QUEIJO PARMESÃO
- SAUCE BÉCHAMEL (P. 255)
- MANTEIGA

Agregue à massa choux 1/5 de seu próprio peso de batatas espremidas e de parmesão. Sove bem.

Com um bico de confeitar com 2cm de diâmetro, forme salsichinhas de 3cm de comprimento e as despeje na panela com água salgada fervente. Deixe cozinhar por alguns minutos. Retire e deixe escorrer sobre uma toalha. Coloque-os na travessa de gratinar e cubra com béchamel.

Polvilhe queijo parmesão e leve para gratinar no forno aquecido. Você pode colocar uns pedacinhos de manteiga sobre o parmesão.

🍷 Branco, rosé

## GNOCCHIS À LA ROMAINE

GNOCCHI ROMANO

1 L DE LEITE
SAL
NOZ-MOSCADA
⅓ DE XÍCARA DE MANTEIGA
1 ⅛ XÍCARA DE FARINHA DE GRANO DURO
1 OVO
QUEIJO GRUYÈRE OU PARMESÃO

Ferva o leite com sal e um pouco de noz-moscada ralada. Acrescente a manteiga e polvilhe a farinha como chuva no leite fervente. Bata forte usando o batedor de arame e finalize com a colher de pau, pois a mistura tende a grudar no fundo da panela. Fora do fogo, adicione o ovo e 1 colher de parmesão ralado. A mistura deve ficar uniforme e lisa.

Despeje-a sobre uma superfície lisa ou, melhor, uma bancada de trabalho de mármore untada com manteiga. Abra até 2cm de espessura e deixe a massa esfriar. Corte-a retângulos ou círculos.

Distribua-os na travessa untada, cobertos com generosa camada de queijo, e com um pedacinho de manteiga. Gratine em forno quente.

🍷 Côtes-du-Rhône rosé

## MIGNONNES BRIOCHES FARCIES

BRIOCHES RECHEADOS

*Estes brioches normalmente são servidos sob um guardanapo para mantê-los aquecidos.*

PÂTE À BRIOCHE (P. 60) OU PÂTE À CHOUX (P. 75)
QUEIJO GRUYÈRE, COMTÉ, PARMESÃO OU ROQUEFORT
SAUCE SUPRÊME (P. 263)

Faça pequenos brioches de tamanho e formato de carolinas. Você pode usar outros tipos de massa não adoçada.

Após assar os brioches, remova os topos e cave um espaço dentro de cada um. Deixe secar no forno, despeje um *sauce suprême* bem espesso e recheie com Gruyère, parmesão, Comté ou Roquefort. Coloque os topos novamente e aqueça em forno brando.

🍷 Qualquer vinho branco, Champagne

## GRATIN DE MACARONIS FAÇON MÈRE BRAZIER

GRATINADO DE MACARRÃO À MÈRE BRAZIER

*Este prato simples era sempre pedido por clientes frequentes, mesmo pelos importantes. Você precisará de macarrão em espiral ou caracol de excelente qualidade, o que nem sempre é fácil de encontrar.*

MACARRÃO
MANTEIGA
LEITE
SAUCE BÉCHAMEL (P. 255)
SAL
PIMENTA
CREME DE LEITE FRESCO
QUEIJO GRUYÈRE

Quebre o macarrão em pedaços mais curtos, caso seja muito longo. Cozinhe em água com sal até ficar cozido, mas ainda bem firme. Escorra e mantenha-o aquecido em leite quente.

Prepare um pouco de molho béchamel, não muito espesso. Tempere com sal, pimenta e acrescente o mesmo volume de creme de leite.

Coloque esse molho em travessa de porcelana para gratinar já no fogo. Escorra o macarrão e acrescente-o. Polvilhe uma porção generosa de Gruyère recém-ralado e acrescente um pedaço de manteiga. Leve ao forno em temperatura média para dourar e sirva assim que borbulhar.

## GRATIN DAUPHINOIS FAÇON MÈRE BRAZIER

BATATAS DAUPHINOIS À MÈRE BRAZIER

*Não usamos ovos, pois fica com aspecto de flã, mas muitos chefs sim, por questão de gosto. Use batatas o bastante para encher a travessa refratária. O tempo de cozimento depende da espessura de suas fatias.*

BATATAS
2 XÍCARAS DE LEITE
ALHO
SAL
PIMENTA
CREME DE LEITE FRESCO
MANTEIGA

Descasque com cuidado algumas batatas médias de casca amarela. Ferva o leite.

Fatie as batatas em rodelas finas, coloque-as no leite e despeje tudo em travessa de cerâmica, barro ou porcelana antes esfregada com alho.

Tempere com sal, pimenta, algumas colheres (sopa) de creme de leite e alguns pedacinhos de manteiga. Leve ao forno até ficar cozido, o que se verifica ao espetar uma lâmina da faca.

## FONDUE SAVOYARDE

FONDUE DE SAVOY

*Para este prato bem conhecido e procurado na região de Rhône-Alpes, você precisará do famoso* caquelon *de barro (com fundo grosso para não queimar em contato direto com o calor). Todos se servem com um cubo de pão na ponta de um garfo de haste longa. Não se esqueça das bebidas, ou os convidados morrerão de sede!*

VINHO BRANCO SECO DE SAVOY
QUEIJO COMTÉ
QUEIJO BEAUFORT
QUEIJO EMMENTAL
TRUFAS (OPCIONAL)
KIRSCH (OPCIONAL)
PÃO

Aqueça um pouco de vinho branco seco de Savoy – o suficiente para o número de convidados.

Corte fatias dos 3 queijos em partes iguais. Coloque no vinho e misture lentamente em fogo baixo para obter uma pasta cremosa e lisa. Você pode acrescentar trufas e kirsch.

Para servir, coloque o *caquelon* no réchaud com uma chama por baixo.

🍷 Crépy

## FONDUE À L'ANCIENNE

FONDUE À MODA ANTIGA

*Sirva como um* fondue savoyarde *(acima) ou coma direto da panela quente.*

OVOS
QUEIJO GRUYÈRE
MANTEIGA
SAL
PIMENTA

Use 2 ovos por pessoa e Gruyère de excelente qualidade ralado (1/3 do peso dos ovos). Bata os ovos na caçarola de barro e acrescente o Gruyère e um pedaço de manteiga com cerca de 1/6 do peso dos ovos.

Coloque a caçarola em fogo bem baixo e misture com a colher de pau para obter um líquido fino e cremoso. Acerte o tempero com sal e 1 volta do moedor de pimenta.

🍷 Pouilly, crépy

## JAMBON AU CINZANO DRY

PRESUNTO COM CINZANO SECO

PRESUNTO COM OSSO
CINZANO SECO
VINHO MADEIRA
COGUMELOS
SAUCE BÉCHAMEL (P. 255)
SAL
PIMENTA
MANTEIGA

Em travessa untada, coloque uma fatia grossa de presunto (1 por pessoa). Regue com a mistura de 2 partes de Cinzano seco para 1 de vinho Madeira – o suficiente para cobrir. Deixe marinar por 1 hora.

Fatie os cogumelos e refogue na manteiga. Prepare um béchamel levemente dourado. Tempere com sal e pimenta.

Cubra o presunto com papel-manteiga untado e coloque no forno por alguns minutos para começar a reduzir.

Retire o papel, cubra com os cogumelos e uma camada de béchamel. Coloque na parte superior do forno bem quente para corar.

Sirva com folhas de espinafre suadas na manteiga.

🍷 Branco leve, Côtes-du-Rhône rosé

## TANCHE OU CARPE FARCIE À LA MORVANDELLE

TENCA OU CARPA RECHEADA À MODA DE MORVAND

1 TENCA OU CARPA (3KG)
PÂTE À CHOUX (P. 75)
QUEIJO GRUYÈRE
VINHO BRANCO SECO
SAL
PIMENTA
MANTEIGA
FARELO DE PÃO

Após descansar o peixe em água fresca por um bom tempo para limpar, retire as escamas maiores. Abra ao longo das costas e remova a espinha principal e todas as outras que conseguir. Limpe o interior do peixe.

Recheie com *pâte à choux* não adoçada misturada com Gruyère em cubos grandes. Feche o peixe costurando com linha forte de algodão. Coloque na travessa de gratinar bem untada com manteiga. Espalhe farelo de pão por cima de tudo e cubra com vinho branco seco. Tempere com sal e pimenta. Cozinhe em forno brando por cerca de 2 horas.

Você pode reservar um pouco da *pâte à choux* para fazer pequenos gnocchi para colocar ao redor do peixe 10 minutos antes do fim do cozimento. Sirva imediatamente, muito quente.

🍷 Pouilly-Fuissé, Sancerre

# MARENNES GRATINÉES À LA FAVORITE

## OSTRA DE MARENNES GRATINADA À FAVORITA

*Ao abrir as ostras, certifique-se de não perder os sucos. As ostras de Marennes-Oléron, criadas sob controles muito rígidos, são sempre de excelente qualidade, mas qualquer tipo de ostra pode ser usada nesta receita.*

MANTEIGA
1 CHALOTA
1 COPO DE MUSCADET OU OUTRO VINHO BRANCO SECO
1 LIMÃO-SICILIANO
12 OSTRAS DE MARENNES-OLÉRON
BEURRE MANIÉ (P. 254)
2 GEMAS
2 COLHERES DE CREME DE LEITE FRESCO
12 COGUMELOS
FARELO DE PÃO
QUEIJO GRUYÈRE

Em panela pequena, refogue na manteiga uma chalota bem picada. Acrescente o vinho branco seco, um pouco de manteiga, o suco do limão e o suco das ostras. Cozinhe as ostras nesse líquido por 7 a 8 minutos.

Retire as ostras. Ligue com o *beurre manié*. Acrescente as gemas e o creme de leite.

À parte, pique bem os cogumelos e refogue-os na manteiga. Recheie as conchas. Coloque uma ostra em cima de cada concha. Despeje molho por cima. Polvilhe farelos de pão e queijo Gruyère ralado. Coloque na parte superior do forno quente por alguns minutos.

🍷 Muscadet, Sancerre

*(Ao lado) Mère Brazier trabalhando na cozinha de seu restaurante em Lyon*

## PÂTE POUR PÂTÉ EN CROÛTE

MASSA PARA PÂTE EN CROÛTE

5 XÍCARAS DE FARINHA
4 GEMAS
6 ½ XÍCARAS DE MANTEIGA
4 COLHERES (CHÁ) DE SAL

Peneire a farinha. Faça um buraco no centro e coloque as gemas, a manteiga derretida, o sal e 1 3/4 xícara de água. Sove bem e trabalhe por alguns minutos.

Soque a massa, com a parte inferior da palma da mão, 3 ou 4 vezes para encorpar bem. Na prática, terá de ser forte o bastante para segurar a carne, resistir ao calor do cozimento e da gelatina quente.

## PÂTE BRISÉE

MASSA PODRE

*Esta receita serve como base para flãs, quiches...*

PARA UMA TORTA DE 8 PORÇÕES:
5 XÍCARAS DE FARINHA
2 COLHERES (CHÁ) DE SAL
3 OVOS
1 XÍCARA DE MANTEIGA

Peneire a farinha na superfície de mármore ou na mesa. Faça um buraco no meio. Acrescente sal, ovos e manteiga derretida.

Trabalhe com a ponta dos dedos para garantir a mistura homogênea. Bata 3 vezes, ou seja, soque a massa com a palma da mão. Faça uma bola, embrulhe-a no pano e deixe descansar até o dia seguinte.

# PÂTÉ CHAUD DE GIBIER, BÉCASSE, FAISAN, GRIVE

PATÊ QUENTE DE CARNE DE CAÇA

*Preferimos usar* pâte pour pâté en croûte *(ao lado) a* pâte feuilletée *(p. 58) para terrines com crosta de massa enformadas. Mesmo assim, você pode usar a* pâte pour pâté en croûte *para forrar a fôrma e depois cobrir com* pâte feuilletée. *A massa deve ser feita na noite anterior e deixada ao ar livre, coberta por um pano limpo.*

CARNE DE CAÇA (GALINHOLA, FAISÃO, TORDO ETC.)
CENOURAS
CEBOLA
CARNE DE PORCO
1 OU 2 GEMAS
1 COLHER DE FARINHA
SAL
PIMENTA
1 COPO DE CONHAQUE
1 COPO DE VINHO MADEIRA
PÂTE POUR PÂTÉ EN CROÛTE (AO LADO)
1 FÍGADO FRESCO DE PATO OU GANSO
TRUFA

Desosse a carne de caça. Faça um caldo com os ossos, água, cenouras e cebola. Corte os filés em fatias longas e passe o restante da carne por um moedor com a mesma quantidade de carne de porco.

Acrescente um pouco do caldo de carne de caça às carnes, e 1 a 2 gemas, farinha, sal e pimenta. Incorpore o conhaque e o vinho Madeira.

Forre uma fôrma retangular com *pâte pour pâté en croûte*, deixando as bordas para fora – a massa deve ter cerca de 3mm de espessura. Encha o fundo com a mistura de carne, cubra com filés e fatias de fígado e trufas. Espalhe o restante da carne.

Feche o patê com outra camada de massa, umedecendo as bordas para selar bem os 4 lados. Pincele com gema. Faça uma chaminé com um funil de papel-manteiga no centro. Asse em forno quente por 40 a 60 minutos dependendo da espessura.

Sirva quente ou com *sauce périgueux* (p. 261).

# PÂTÉ DE GIBIER, VOLAILLE OU VEAU FROID, EN CROÛTE, À LA GELÉE

PATÊ DE CARNE DE CAÇA COM GELATINA

CARNE DE CAÇA
FRANGO OU VITELO
CARNE DE PORCO
VINHO BRANCO
CONHAQUE
VINHO MADEIRA
SAL
PIMENTA
1 OU 2 GEMAS
1 COLHER DE FARINHA
1 FÍGADO FRESCO DE PATO OU GANSO
TRUFAS
PÂTE POUR PÂTÉ EN CROÛTE (P. 82)
GELATINA DE ASPIC (P. 267)

Retire filés do frango e corte em fatias longas. Corte o restante das carnes em pedaços grandes (usando a mesma quantidade de carne de porco e frango) e deixe marinar da noite para o dia em vinho branco, conhaque, vinho Madeira, sal e pimenta. Use os ossos e aparas para fazer um caldo gelatinoso e sólido.

No dia seguinte pique bem as carnes (não muito fino) e misture. Acrescente 1 a 2 gemas, a farinha, a marinada e misture até ficar homogêneo.

Forre uma fôrma desmontável de terrine com *pâte pour pâté en croûte* com cerca de 3mm de espessura, deixando uma sobra de cerca de 1,5cm por todos os lados. Encha até a metade com a mistura de carnes picadas. Distribua os filés por toda a superfície – com uma fatia de fígado, algumas fatias de trufa por todo o comprimento – e finalize com o restante da carne picada. Cubra com uma tampa de *pâte para pâté en croûte* ou *pâte feuilletée* (p. 58), sele as bordas e faça uma chaminé no meio com um funil de papel-manteiga enrolado. Pincele com gema e asse em forno brando por 2 horas.

Deixe esfriar e no dia seguinte despeje um pouco de gelatina de aspic quase fria pelo funil de papel até quase encher o espaço.

# PÂTÉ DE CÈPES BEAUGENCY

PATÉ DE COGUMELOS DE BEAUGENCY

*Cogumelos porcini são especialmente bons, mas podem ficar duros muito rápido. Se isso ocorrer, basta remover os talos.*

COGUMELOS PORCINI
MANTEIGA
PRESUNTO DE BAYONNE
1 CEBOLA
1 DENTE DE ALHO
2 COLHERES DE FARINHA
CALDO
PÂTE BRISÉE (P. 82)
1 GEMA

Lave os cogumelos com cuidado. Devem ser não muito grandes e bem fechados. Retire os talos e refogue as cabeças na manteiga por alguns minutos.

Pique os talos e faça uma mistura com algumas fatias picadas de presunto de Bayonne, a cebola e o alho. Refogue na manteiga e polvilhe a farinha. Regue com um pouco de caldo e deixe cozinhar para formar um recheio consistente e uniforme.

Forre uma fôrma de torta com a *pâte brisée*, com cerca de 3mm de espessura, e deixe sobrar o bastante para cobrir as bordas. Forre a base com fatias de presunto de Bayonne seguidas de uma camada da mistura picada de cogumelos. Distribua os cogumelos um ao lado do outro, cubra com outra camada de mistura picada e finalize com mais presunto. Feche a torta com outra camada de massa. Umedeça as bordas para selar bem.

Pincele com gema. Faça uma chaminé com papel-manteiga no centro e asse em forno médio por cerca de 45 minutos.

Retire da fôrma e sirva bem quente.

🍷 Sancerre, branco ou tinto

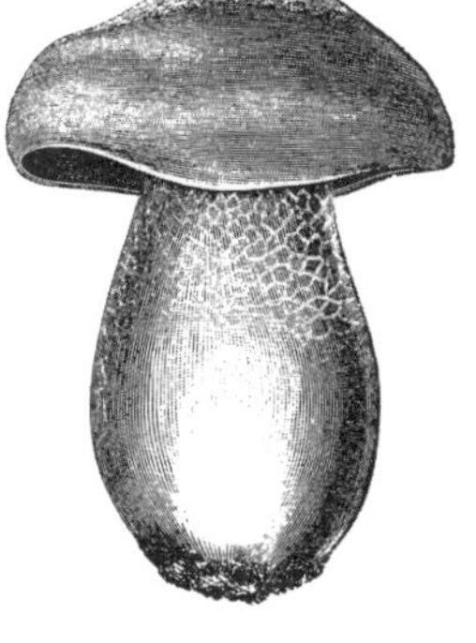

## QUICHE LORRAINE

QUICHE LORRAINE

*Você pode substituir os lardos e o presunto por uma camada de queijo Roquefort fatiado ou por fatias finas de fígado de pato ou ganso e trufas frescas.*

PÂTE BRISÉE (P. 82)
LARDOS
PRESUNTO DEFUMADO
PRESUNTO COZIDO
MANTEIGA
OVOS
CREME DE LEITE FRESCO
PIMENTA

Forre a fôrma circular para torta com uma camada de *pâte brisée* não adoçada. Faça furos na base para não levantar. Refogue os lardos e o presunto na manteiga e distribua-os sobre a massa.

Para 4 ovos, use 2 xícaras de creme de leite. Bata com uma pitada de pimenta, como se fosse omelete, e despeje sobre o presunto. Asse em forno quente por cerca de 30 minutos. Sirva bem quente.

🍷 Alsace, Champagne

## PÂTÉ DE PÂQUES DU BERRY

PATÊ DE PÁSCOA DE BERRY

6 OVOS
PÂTE BRISÉE (P. 82)
680G DE CARNE DE LINGUIÇA

Cozinhe os ovos.

Abra uma camada de *pâte brisée* na fôrma oval com 5mm de espessura. Coloque metade da carne crua de linguiça sobre a massa e deixe 2cm livres ao redor das bordas. Descasque os ovos, corte no sentido do comprimento e distribua sobre a carne com a gema para baixo. Cubra com o restante da carne. Umedeça as bordas da massa.

Faça outra folha de massa, do mesmo tamanho da primeira, só que mais fina. Cubra o patê e sele as bordas. Pincele com gema e faça uma chaminé no centro com um funil de papel-manteiga. Asse na travessa, em temperatura média, por 90 minutos. Sirva quente ou frio como entrada.

🍷 Loire, tinto ou rosé

# FROMAGE DE TÊTE DE PORC

## QUEIJO DE CABEÇA DE PORCO

*Este prato barato é popular como entrada, especialmente no inverno.*

- CABEÇA DE PORCO
- MANTEIGA
- SAL MARINHO
- SAL DE CURA
- CEBOLAS
- CENOURAS
- ALHO-PORÓ
- CRAVOS-DA-ÍNDIA
- TOMILHO
- LOURO
- PIMENTA-DO-REINO EM GRÃO
- PEPININHOS EM CONSERVA
- SALSA

Desosse uma cabeça fresca de porco, sem se esquecer de remover a língua e o cérebro. Cozinhe o cérebro à parte com manteiga. Coloque a carne em travessa grande para salgar e deixe por 48 horas coberta com sal marinho e sal de cura (veja o pacote para saber a quantidade de sal de cura).

Lave a cabeça em água limpa várias vezes e coloque-a em panela grande com cebolas, cenouras, alho-poró, cravos, tomilho, louro e grãos de pimenta. Cozinhe lentamente, em borbulhas, por 2 horas.

Deixe esfriar. Remova todas as partes gordurosas. Corte a carne em cubos grandes, menos a língua, que você deve cortar ao meio no sentido do comprimento. Desengordure o caldo.

Na terrine, distribua uma camada de carne em cubos, as cenouras cozidas, os pepinos inteiros e salpique salsa picada. Coloque a língua ao longo da terrine. Finalize com o restante da carne da cabeça. Preencha com o caldo.

Resfrie antes de servir.

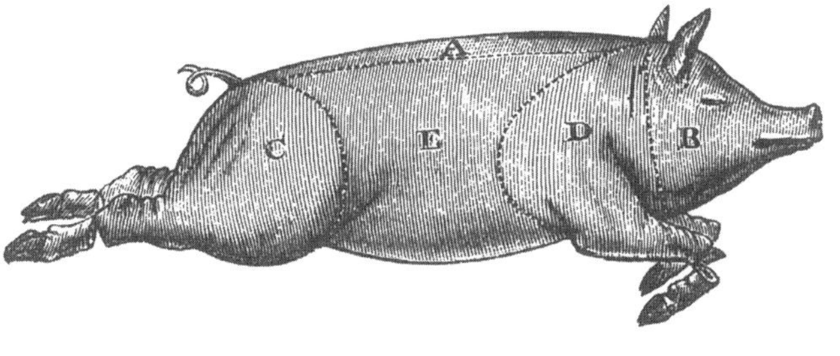

# PÂTÉ DE FOIE DE CHEVREUIL

PATÊ DE FÍGADO DE CERVO

*Este patê pode ser armazenado em vidros esterilizados por 30 minutos. Assim você sempre terá como fazer canapés! Fígado de porco serve do mesmo modo.*

- 900G DE FÍGADO DE CERVO
- 900G DE PESCOÇO SUÍNO
- MANTEIGA
- 2 CHALOTAS
- SAL
- PIMENTA
- CONHAQUE
- 2 COPOS DE VINHO BRANCO SECO
- 2 OVOS
- BACON

Apare o fígado e coloque no liquidificador com o pescoço de porco.

Pique as chalotas, refogue-as na manteiga e acrescente às carnes com sal, pimenta, conhaque, vinho branco seco e ovos. Bata bem até formar um patê cremoso.

Forre as laterais da fôrma de barro com o bacon. Recheie com o patê e cubra com mais bacon. Tampe a terrine. Coloque em banho-maria e asse em temperatura moderada por 2 horas.

Para verificar se está cozido, espete uma agulha de tricô. Se sair limpa, o patê está pronto.

# TERRINE AUX TROIS VIANDES

TERRINE DE TRÊS CARNES

- 1,5KG DE PALETA SUÍNA
- 1,4KG DE BARRIGA DE VITELO
- 250G DE FÍGADOS DE GALINHA
- ½ CEBOLA
- 2 COLHERES (SOPA) DE SAL
- 1 COLHER (SOPA) DE PIMENTA
- 1 GARRAFA DE VINHO BRANCO

Separe os pedaços de carne mais gordurosos. Retire qualquer traço de ligamentos da carne de porco ou vitelo. Corte os pedaços mais magros em cubinhos. Moa muito bem o restante com os fígados e a cebola. Misture tudo, tempere com sal e pimenta e acrescente o vinho.

Coloque a mistura na terrine. Cozinhe em banho-maria no forno, coberto, por 60 a 70 minutos.

🍷 Gewürztraminer, Riesling, Pouilly-Fuissé ou outro vinho branco seco



*(Ao lado) Mère Brazier e Fernand Point, em 1951*

# LES POISSONS
# PEIXES

# BOUILLABAISSE DE MARSEILLE

BOUILLABAISSE DE MARSELHA

*Para fazer uma bouillabaisse, é preciso conseguir apreciar o sabor de cada peixe. O caldo é engrossado apenas com a fervura. Mantenha os pratos aquecidos e prontos.*

3KG DE PEIXES FRESCOS (PEIXE--ESCORPIÃO, ST. PIERRE, TAMBORIL, BADEJO)
2 LAGOSTAS
2 CEBOLAS
4 TOMATES
4 DENTES DE ALHO
FOLHAS DE ERVA--DOCE
2 FOLHAS DE LOURO
1 PITADA DE AÇAFRÃO
SAL
PIMENTA-DO-REINO EM GRÃO
1 XÍCARA QUASE CHEIA DE AZEITE
FATIAS DE PÃO
SALSA

Retire as escamas, limpe os peixes e lave-os em água do mar, se possível.

Em caldeirão grande e grosso – de preferência de ferro fundido – coloque cebolas picadas grosseiramente, tomates e alho. Acrescente algumas folhas de erva-doce, louro, açafrão, sal, grãos de pimenta e azeite. Misture bem.

Acrescente os peixes mais carnudos primeiro e, 5 minutos depois, o restante: badejo, st. pierre, lagosta. Cubra com água fervente. Todos os peixes devem ser cobertos pelo caldo. Tampe e cozinhe em fogo alto por 15 minutos. A fervura deve ser bem forte – a qualidade do prato depende disso. Deixe borbulhar por mais alguns minutos.

Corte algumas fatias de pão e deixe secar no forno sem dourar. Coloque o pão em terrine de sopa e os peixes em outra tigela. Coe a sopa sobre o pão e um pouco sobre o peixe. Polvilhe o pão com salsa picada.

🍷 Hermitage branco

# SOUPE DE POISSONS

SOPA DE PEIXE

*Esta sopa é muito versátil e aproveita tipos diferentes de peixe do mercado, ossos e tudo.*

4 OU 5 ALHOS-PORÓS
AZEITE
TOMATES
2 DENTES DE ALHO
SALSA
FOLHAS DE ERVA-DOCE
ENGUIA
TRILHA
CARANGUEJOS (SE TIVER)
LAGOSTA (OPCIONAL)
CROÛTONS
1 PITADA DE AÇAFRÃO
1 COLHER DE PASTIS
SAL
PIMENTA CAIENA
MEXILHÕES
PÃO
QUEIJO GRUYÈRE RALADO

Em caçarola grande, refogue a parte verde picada dos alhos-porós. Junte alguns tomates picados, o alho, alguns talos de salsinha, algumas folhas de erva-doce e 5 litros de água. Ferva.

Acrescente a cabeça e espinhas de enguia e todas as trilhas pequenas que encontrar. Você também pode colocar 900g de caranguejos pequenos e uma lagosta, que deve ser tirada depois de 15 minutos de cozimento. Deixe cozinhar um pouco sob fervura por 4 a 5 horas e escorra.

Deixe sobre o fogo para reduzir e obter um consommé cremoso. Finalize com um pouco de açafrão, pastis, sal, pimenta caiena e alguns mexilhões espalhados pelo prato da sopa como guarnição.

Prepare alguns croûtons com o pão, doure-os levemente no forno e esfregue alho em um dos lados. Sirva em pratos bem quentes – os croûtons à parte na mesa – e quanto queijo ralado quiser.

🍷 Rosé de Provence

## GRATIN DE FRUITS DE MER

GRATINADO DE FRUTOS DO MAR

*A família dos camarões é vasta e contém mais de 160 espécies. Os de cores rosa e cinza são os mais comuns na Europa.*

- COGUMELOS
- MANTEIGA
- 4 VIEIRAS (OU QUALQUER FRUTO DO MAR COM CONCHA)
- MEXILHÕES
- 4 FILÉS DE LINGUADO
- 60G DE CAMARÃO
- 1 COPO DE VINHO BRANCO SECO
- SAL
- PIMENTA
- BEURRE MANIÉ (P. 254)
- 2 A 3 COLHERES DE CREME DE LEITE FRESCO
- 1 COPO DE CONHAQUE
- QUEIJO RALADO
- FARINHA

Refogue alguns cogumelos na manteiga.

Abra as vieiras, mexilhões e quaisquer outros frutos do mar com concha usando uma faca ou no forno. Retire a carne. Corte os filés de linguado em dois. Limpe todos os frutos do mar e refogue lentamente na frigideira com o vinho branco, sal e pimenta. O cozimento deve durar cerca de 10 minutos. Retire os camarões e remova as cascas.

Despeje o líquido do cozimento em outra panela. Ligue o molho com o *beurre manié* e acrescente o creme de leite.

Flambe o peixe no conhaque quente e coloque na travessa de gratinar com os cogumelos. Cubra com molho. Polvilhe queijo ralado e gratine em forno quente.

🍷 Riesling, Sylvaner

## ÉCREVISSES À LA NAGE

LAGOSTINS EM SEU CALDO

- CENOURAS
- CEBOLAS
- CHALOTAS
- SALSA
- SAL
- PIMENTA-DO-REINO EM GRÃO
- VINHO BRANCO SECO
- 10 LAGOSTINS DE QUALIDADE POR PESSOA

Corte as cenouras, as cebolas e as chalotas. Cozinhe em água suficiente para cobrir os lagostins até a metade. Quando os legumes estiverem cozidos, coloque salsa, sal e grãos de pimenta. Deixe ferver por 10 minutos e acrescente vinho branco seco.

Ferva de novo e junte os lagostins limpos. Cozinhe por 10 minutos.

Sirva-os no líquido do cozimento.

🍷 Mâcon branco, Muscadet

# MENU CLÁSSICO DE LA MÈRE Nº 3

*Terrine Maison*

Patê à moda da casa

◆

*Langouste Mayonnaise*

Lagosta com mayonnaise (p. 97)

◆

*Poulet à la Crème aux Morilles*

Frango com morilles e creme (p. 145)

◆

*Fromages de Saison*

Queijos da estação

◆

*Pêches Glacées Flambées au Kirsch*

Pêssegos flambados no kirsch (p. 249)

MÈRE BRAZIER

# ÉCREVISSES À LA BORDELAISE

LAGOSTINS À BORDALESA

*Lagostins devem sempre ser limpos – isto é, remova as vísceras antes de preparar –, senão podem ficar amargos.*

100 LAGOSTINS
1 L DE LEITE
2 ½ XÍCARAS DE MANTEIGA
4 CENOURAS
3 CEBOLAS GRANDES
SALSA
ESTRAGÃO
SAL
PIMENTA
TOMILHO
LOURO
1 COPO DE CONHAQUE
1 GARRAFA DE VINHO BRANCO SECO
1 COPO DE FUMET DE PEIXE
200G DE PURÊ DE TOMATE
PIMENTA CAIENA

Limpe os lagostins e coloque-os de molho no leite por 1 hora.

Em uma frigideira ponha 1/2 xícara de manteiga com uma mistura bem picada de cenouras, cebolas, talos de salsinha e estragão. Acrescente sal, pimenta, tomilho e louro.

Escorra os lagostins, remova as veias pretas e vísceras e jogue-os na panela. Polvilhe uma pitada de pimenta. Deixe cozinhar até os lagostins ficarem bem vermelhos. Flambe com conhaque quente.

Retire os lagostins da panela e mantenha-os aquecidos. Despeje o vinho branco na panela. Reduza à metade.

Coloque os lagostins de volta. Junte o fumet de peixe, o purê de tomate e cozinhe por 10 minutos. Distribua os lagostins em tigela grande e quente. Coe o molho para dentro de uma nova panela. Comece a reduzir e volte a encorpar com pedacinhos de manteiga, um a um, sem parar de bater com um batedor de arame. Despeje o molho por cima dos lagostins. Polvilhe salsa picada e pimenta caiena.

🍷 Sancerre, Muscadet

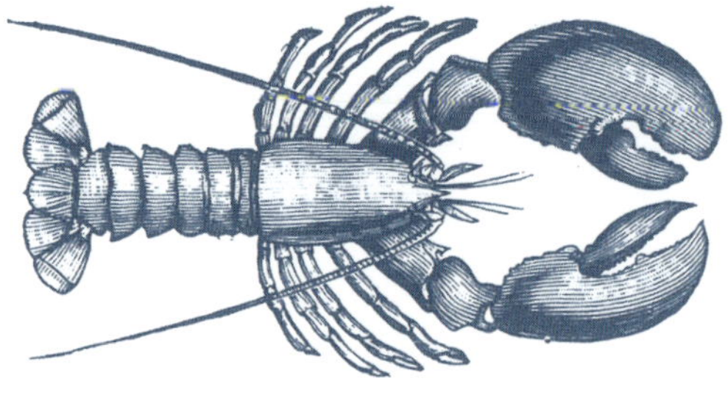

# GRATIN DE QUEUES D'ÉCREVISSE

GRATINADO DE CAUDAS DE LAGOSTIM

3KG DE LAGOSTINS
COURT BOUILLON
MANTEIGA
COGUMELOS
TRUFA
SAUCE BÉCHAMEL (P. 255)
1 COLHER (SOBREMESA) DE BEURRE D'ÉCREVISSES (P. 253)
CREME DE LEITE FRESCO
SAL
PIMENTA

Escorra os lagostins e remova as veias pretas e vísceras até a cauda. Cozinhe por 10 minutos em um pouco de court bouillon. Deixe esfriar.

Retire a carne das cascas – do corpo e das garras –, mas guarde-as. Refogue a carne na frigideira com um pouco de manteiga, alguns cogumelos e trufas picadas.

Faça um béchamel, com metade leite, metade creme de leite. Tempere com sal, pimenta e deixe cozinhar por alguns minutos.

Acrescente os lagostins, a trufa e os cogumelos no béchamel, depois junte a manteiga de lagostins. Despeje em travessa de gratinar e finalize na parte superior do forno quente.

🍷 Pouilly-Fuissé, Hermitage branco

# LANGOUSTE MAYONNAISE

LAGOSTA COM MAYONNAISE

SALSA
PIMENTA-DO-REINO EM GRÃO
CENOURAS
CEBOLA
CRAVOS-DA-ÍNDIA
ALHO
RASPAS DE LIMÃO-SICILIANO
TOMILHO
LOURO
CEREFÓLIO
ESTRAGÃO
VINAGRE
1 LAGOSTA VIVA (680G)
SAUCE MAYONNAISE (P. 259)

Prepare um court bouillon. Ferva um pouco de água fria com salsa, grãos de pimenta, cenoura, uma cebola espetada com cravos, alho, raspas de limão, tomilho, louro, cerefólio e estragão. Deixe borbulhar levemente por 30 minutos.

Acrescente o vinagre, ferva de novo e mergulhe a lagosta amarrada. Deixe cozinhar por 15 a 20 minutos.

Enquanto a lagosta estiver quente, sirva-a – cortada em duas partes – sobre folhas de alface. Acompanhe com *sauce mayonnaise*.

# LANGOUSTE BELLE AURORE

## LAGOSTA À BELLE AURORE

*Se não tiver lagosta, é possível servir dentro de uma crosta de massa – como um vol au vent – com molho fervente ao lado.*

- 1 CENOURA
- 2 CHALOTAS
- AZEITE
- 1 LAGOSTA VIVA (1KG)
- 1 COPO DE CONHAQUE
- SAL
- PIMENTA
- AÇAFRÃO
- BEURRE MANIÉ (P. 254)
- 4 ¼ XÍCARAS DE CREME DE LEITE FRESCO

Faça um mirepoix de legumes – principalmente cenouras e chalotas – e refogue em panela funda com um pouco de azeite. Coloque a lagosta junto, cortada ao meio, cabeça para um lado, cauda para outro. Deixe cozinhar por alguns minutos, acrescente o conhaque e flambe.

Molhe com água o bastante para cobrir até a metade. Tempere com sal, pimenta e uma pitada de açafrão. Cozinhe por 30 minutos com a panela coberta.

Retire a lagosta e reduza o líquido até ter apenas 2 xícaras de molho.

Enquanto o molho estiver em redução, separe a carne da lagosta – as partes comestíveis da cabeça e garras. Corte a cauda em medalhões. Coloque toda a carne na travessa de gratinar.

Coe, para uma panela pequena, o molho reduzido em tecido tipo musselina. Ligue com um pouco de *beurre manié*. Acrescente o creme de leite e ferva. Prove e acerte o tempero como quiser. Esse molho deve ficar bem suave para não cobrir o sabor da lagosta, portanto, não exagere a pimenta ou o conhaque.

Despeje o molho por cima da lagosta. Coloque no forno por 10 a 15 minutos.

🍷 Champagne Brut, Borgonha branco, Hermitage branco de preferência Chante-Alouette de Chapoutier

## GRATIN DE LANGOUSTE CATHERINE

GRATINADO DE LAGOSTA À CATARINA

CENOURA
CHALOTA
AZEITE
1 LAGOSTA VIVA (570G)
2 COPOS DE CONHAQUE
SAL
PIMENTA
1 PITADA DE AÇAFRÃO
MANTEIGA
COGUMELOS
SAUCE AMÉRICAINE
CREME DE LEITE FRESCO

Faça um mirepoix com cenouras e chalotas picadas grosseiramente e refogue em frigideira de fundo grosso com um pouco de azeite. Coloque a lagosta junto, cortada ao meio, cabeça para um lado, cauda para outro. Deixe corar por alguns minutos. Aqueça 1 copo de conhaque, despeje sobre a lagosta e flambe.

Cubra até a metade com água. Tempere com sal, pimenta e açafrão. Cozinhe por cerca de 30 minutos com a panela coberta.

Unte com manteiga a travessa de gratinar e cubra com uma camada de cogumelos em fatias finas. Tire a carne da casca da lagosta. Corte a cauda em medalhões. Distribua os medalhões no centro da travessa e coloque a carne das garras e da cabeça em volta. Regue com 1 copo de conhaque. Acrescente algumas colheradas de creme de leite ao *sauce américaine* e despeje sobre a lagosta. Coloque na parte superior do forno bem quente.

Sirva com arroz à moda crioula.

🍷 Pouilly-Fumé, Pouilly-Fuissé

## LANGOUSTE AU RICARD

LAGOSTA COM RICARD

1 LAGOSTA (800G)
SAL
PIMENTA
5 COLHERES (SOPA) DE PASTIS RICARD
BEURRE D'ESCARGOTS (P. 253)
1 GEMA
1 COLHER (SOPA) DE CREME DE LEITE FRESCO

Parta a lagosta ao meio, no sentido do comprimento. Coloque os 2 pedaços em travessa de barro longa. Tempere com sal, pimenta e regue com 4 colheres (sopa) de Ricard. Asse em forno bem quente por 7 minutos.

Retire do forno. Tenha a *beurre d'escargots* a postos, misturada com uma gema, o creme de leite e a última colher (sopa) de Ricard. Espalhe essa mistura nos dois lados da lagosta. Devolva ao forno e cozinhe por mais 12 minutos.

Sirva na mesma travessa.

🍷 Branco de Provence

## HOMARD DU GRAND MAÎTRE

LAGOSTA DO GRAND MAÎTRE

*A lagosta lavagante, de cor azulada, é a melhor de todas, especialmente no verão.*

- ½ XÍCARA DE MANTEIGA
- ½ XÍCARA DE ÓLEO
- CENOURAS
- CHALOTAS
- SALSA
- 2 LAGOSTAS (570G CADA UMA)
- 2 ½ XÍCARAS DE CERVEJA BELGA
- SAL
- PIMENTA
- 2 GEMAS
- 3 COLHERES DE CREME DE LEITE FRESCO

Aqueça a manteiga com o óleo em frigideira com fundo grosso. Prepare um mirepoix picando bem fino as cenouras, as chalotas e os talos de salsa. Coloque em frigideira. Pique as lagostas vivas e jogue na frigideira. Deixe a carne endurecer por alguns minutos.

Junte a cerveja, sal (bem pouco), pimenta e deixe cozinhar, tampado, por 15 minutos.

Retire os pedaços de lagosta, separe a carne da casca e mantenha-a aquecida. Reduza o líquido do cozimento à metade.

Deixe o molho esfriar um pouco e ligue com gemas batidas e creme de leite. Acerte o tempero. Coe o molho sobre a lagosta em travessa.

Sirva com arroz à moda crioula.

🍷 Gewürztraminer, Riesling

## LANGOUSTE GRILLÉE AU CURRY

LAGOSTA DOURADA AO CURRY

*Você pode acompanhar esta lagosta com um* sauce hollandaise *(p. 257) com toque de limão.*

- 1 LAGOSTA (800G)
- PIMENTA
- CURRY EM PÓ
- AZEITE
- SAL

Parta a lagosta viva ao meio no sentido do comprimento. Tempere com pimenta e polvilhe uma pitada de curry.

Regue bem com azeite. Coloque sob gratinador e aumente bem a temperatura. Cozinhe por 20 minutos, regando frequentemente com o azeite e os sucos do cozimento.

Sirva a lagosta com arroz pilaf temperado com 1 colher (chá) de curry em pó durante o cozimento.

🍷 Pouilly-Fuissé, Muscadet

# LANGOUSTE À L'AMÉRICAINE

## LAGOSTA À AMERICANA

*Este método serve para lagostas ou lagostins.*

CHALOTAS
CENOURAS
AZEITE
1 LAGOSTA (800G)
1 COPO DE CONHAQUE
½ GARRAFA DE VINHO BRANCO SECO
PIMENTA
PIMENTA CAIENA
PURÊ DE TOMATE
BEURRE MANIÉ (P. 254)
MANTEIGA
SALSA

Em frigideira grande o bastante para caber a lagosta, prepare um mirepoix de cenouras picadas e chalotas, refogado em azeite.

Lave, limpe e corte a lagosta ainda viva – corte a cauda em medalhões com 3cm de espessura. Parta a cabeça ao meio no sentido do comprimento. É preciso trabalhar bem rápido para a lagosta não sofrer. Coloque os pedaços em frigideira e cozinhe rápido para obter uma cor vermelho intenso.

Aqueça o conhaque, despeje-o sobre a lagosta e flambe. Regue com vinho branco seco. Tempere com pimenta, uma pitada de caiena e 1 colher de purê de tomate. Cubra e cozinhe lentamente por 15 a 20 minutos.

Retire a lagosta e separe a carne da casca – da cabeça e do corpo. Mantenha a carne aquecida. Reduza o líquido do cozimento à metade e coe para dentro de uma panela. Ligue com o *beurre manié* e prove o tempero, que deve ser perceptível mas não a ponto de mascarar o sabor natural da lagosta.

Distribua a lagosta no prato. Tire o molho do fogo, acrescente um bom pedaço de manteiga e bata vigorosamente.

Despeje sobre a lagosta e decore com salsa picada.
Sirva rapidamente.

Sirva sempre em pratos bem quentes.

🍷 Chablis, Meursault, Montrachet

# LANGOUSTE À LA CARDINAL

LAGOSTA À CARDEAL

*Normalmente só comemos a cauda da lagosta, mas, mesmo assim, a carcaça pode ser usada no preparo de sopas e molhos.*

AZEITE
CENOURAS
CEBOLAS
AIPO
SALSA
TOMATES
1 DENTE DE ALHO
ESTRAGÃO
1 LAGOSTA (800G)
1 COPO DE CONHAQUE
1 GARRAFA DE VINHO BRANCO SECO
BOUQUET GARNI
SAL
PIMENTA
1 BOM LINGUADO
2 A 3 COLHERES DE CREME DE LEITE FRESCO GROSSO

Prepare um mirepoix com cubos de cenoura, cebola, aipo e salsa. Refogue com azeite em frigideira.

Acrescente alguns tomates cortados em 4, alho e estragão (bem pouco). Coloque a lagosta ainda viva. Regue conhaque quente e flambe.

Acrescente o vinho branco seco, o bouquet garni, bem pouco sal, pimenta e deixe cozinhar, coberto, por 30 minutos.

Apare e remova a pele do linguado. Retire a lagosta e substitua-a pelo linguado. Deixe até cozinhar. Retire o linguado e separe os filés dos espinhas. Reduza o molho à metade. Acrescente o creme de leite.

Separe a carne da cauda da lagosta. Corte em medalhões.

Coloque os 4 filés em caçarola de cobre, como é tradicional, com os medalhões de lagosta por cima. Coe o molho por cima – cuidado, o molho deve ser bem translúcido e não deve ter pedacinhos nele.

Sirva com arroz pilaf.

🍷 Meursault, Chablis



*(Ao lado) Eugénie Brazier e Gaston, seu filho*

# COQUILLES SAINT-JACQUES AU GRATIN

VIEIRAS GRATINADAS

12 VIEIRAS
COURT BOUILLON
CEBOLA
ALHO
COGUMELOS
MANTEIGA
2 CHALOTAS
SALSA
ROUX AMARELO (P. 263)
1 COPO DE VINHO BRANCO SECO
1 GEMA
FARELO DE PÃO
SAL
PIMENTA

Abra as conchas das vieiras no forno ou em frigideira. Retire as vieiras e corais e descarte o restante.

Lave as conchas e vieiras. Cozinhe-as no court bouillon com cebola e alho por cerca de 10 minutos em fogo baixo. Fatie e refogue alguns cogumelos na manteiga.

Pique as vieiras e os corais com chalotas, salsa e os cogumelos.

Prepare o roux amarelo, aquecendo com cuidado. Junte o vinho e um pouco do court bouillon, mas o molho ainda deve ser bem espesso. Ligue com uma gema.

Misture as vieiras picadas com molho e coloque de volta nas conchas. Acerte o tempero com sal e pimenta. Cubra com farelo de pão. Coloque um pedaço de manteiga sobre cada vieira e doure em forno quente por 10 minutos.

Mâcon branco, Hermitage branco

# COQUILLES SAINT-JACQUES AU CHAMPAGNE

VIEIRAS AO CHAMPANHE

12 VIEIRAS
MANTEIGA
120G DE COGUMELOS
CHALOTAS
½ GARRAFA DE CHAMPANHE
3 COLHERES DE CREME DE LEITE FRESCO
SAL
PIMENTA
BEURRE MANIÉ (P. 254)
1 GEMA

Retire as vieiras e seus corais das conchas. Aqueça um pouco de manteiga em frigideira e doure algumas chalotas e cogumelos picados. Junte as vieiras. Molhe a frigideira com champanhe e creme de leite. Cozinhe sem ferver, mexendo frequentemente por 10 minutos. Tempere com sal e pimenta.

Reserve as vieiras e reduza o molho à metade. Ligue com *beurre manié*, ao qual se adiciona uma gema – fora do fogo.

Coloque as vieiras e o molho em travessa de gratinar. Doure sob gratinador.

🍷Mâcon branco, Pouilly-Fuissé

## MOUCLADE DE L'AUNIS

MEXILHÕES COM CREME E AÇAFRÃO

*Mexilhões de corda (aqueles criados em cordas e daí capturados) são tão bons quanto mexilhões selvagens da Holanda.*

MEXILHÕES (3,8KG)
MANTEIGA
3 CHALOTAS
6 COLHERES (SOPA) DE CREME DE LEITE FRESCO
1 PITADA DE AÇAFRÃO
2 GEMAS
PIMENTA
SALSA

Limpe os mexilhões com cuidado. Não os coloque em água, pois se abrirão. Abra-os ainda crus, para a carne permanecer em apenas uma das metades da concha.

Refogue chalotas bem picadas na manteiga, de preferência em frigideira. Acrescente o creme, o açafrão e ligue com a gema, fora do fogo. Tempere com pimenta. Coloque de volta no fogo e acrescente os mexilhões (ainda na concha) nesse molho fervente. Deixe cozinhar por 5 minutos. Sirva no caldo do cozimento, polvilhado com salsa picada.

Certifique-se de os pratos dos convidados estarem quentes.

🍷 Mâcon branco, Muscadet

## MOULES SAUCE POULETTE

MEXILHÕES AO MOLHO POULETTE

MEXILHÕES (3,2KG)
2 CHALOTAS
PIMENTA
SALSA
2 COPOS DE VINHO BRANCO SECO
BEURRE MANIÉ (P. 254)
CREME DE LEITE FRESCO
2 GEMAS
MANTEIGA
SUCO DE LIMÃO-SICILIANO

Coloque os mexilhões em panela grande o bastante para serem sacudidos. Acrescente chalotas bem picadas, pimenta, salsa picada e vinho branco seco. Cubra e cozinhe em fogo alto até abrir todos os mexilhões. Sacuda-os bem para abrirem.

Despeje o molho em outra panela, com cuidado para não despejar até o fim se tiver areia. Ligue o líquido com o *beurre manié*. Acrescente algumas colheradas de creme de leite e, fora do fogo, as gemas – batendo vigorosamente – e, por último, um pedaço de manteiga fresca. Acerte o tempero e acrescente, a seu gosto, um pouco de suco de limão.

Remova uma das metades da concha de cada mexilhão e despeje o molho. Sirva em tigelas quentes.

🍷 Muscadet, Sancerre

## MOULES AU RIZ PILAF

MEXILHÕES COM ARROZ PILAF

MEXILHÕES DE CORDA (1,5KG)
2 COLHERES DE AZEITE
2 CHALOTAS
ARROZ
TOMILHO
½ FOLHA DE LOURO
2 A 3 CRAVOS
1 DENTE DE ALHO
PIMENTA
SAL

Esfregue bem os mexilhões e remova as barbas.

Na frigideira abra os mexilhões em fogo alto. Reserve o líquido do cozimento, esvaziando a panela com cuidado para possíveis grãos de areia não virem junto. Remova os mexilhões de suas conchas e mantenha-os aquecidos.

Pique bem as chalotas e refogue com azeite em frigideira. Acrescente o arroz. Misture bem sem deixar o arroz dourar. Cubra o arroz com 2 1/2 vezes seu volume de caldo de cozimento dos mexilhões diluído em caldo ou água. Acrescente tomilho, louro, cravos, alho, algumas voltas do moedor de pimenta e, se necessário, sal. Cubra e cozinhe no forno por 17 minutos.

Quando o arroz estiver cozido, misture os mexilhões com cuidado.

Sirva bem quente direto da panela. Certifique-se de os pratos estarem quentes.

🍷 Branco, novo, rosé fresco

## MOULES MARINIÈRE

MEXILHÕES À MARINIÈRE

MEXILHÕES (3,2KG)
PIMENTA
SALSA
TOMILHO
CHALOTAS
2 COPOS DE VINHO BRANCO SECO
MANTEIGA

Esfregue os mexilhões até ficarem limpos.

Coloque-os em panela grande o bastante para sacudi-los depois. Tempere com pimenta (não use sal), salsa, tomilho, chalotas picadas e vinho branco seco. Cubra e cozinhe em fogo alto até abrir todos os mexilhões. Com algumas boas sacudidas na panela, verifique se abriram.

Despeje o líquido do cozimento em outra panela – sem escorrer até o fim, pois pode conter grãos de areia. Reduza à metade. Acrescente um pouco de salsa picada e, ao fim, um pedaço grande de manteiga. Sirva os mexilhões ainda nas conchas com o molho.

🍷 Sancerre, Muscadet

# DARNES DE SAUMON BONNE FEMME

POSTAS DE SALMÃO À BONNE FEMME

1 POSTA DE SALMÃO (140G) POR PESSOA
MANTEIGA
2 CHALOTAS
COGUMELOS
SAL
PIMENTA
VINHO BRANCO SECO
SAUCE HOLLANDAISE (P. 257)

Remova as escamas e limpe o salmão. Lave e seque. Corte em postas de aproximadamente 2,5cm de espessura. Coloque-as em travessa de gratinar bem untada, acrescente chalotas bem picadas, cogumelos crus em cubos e tempere com sal e pimenta. Acrescente vinho branco o bastante para alcançar 2cm de altura acima da base da travessa.

Cubra com papel-manteiga untado e asse lentamente em temperatura média. Pode-se dizer que o peixe está cozido quando o osso central se solta da carne com facilidade.

Tire-o do forno e coloque o líquido do cozimento em panela de fundo grosso. Reduza a 3/4.

Misture a redução com igual quantidade de *sauce hollandaise*. Despeje-a sobre cada posta. Deixe alguns segundos sob gratinador apenas para corar a superfície. Cuidado para não queimar.

🍷 Chablis, Meursault

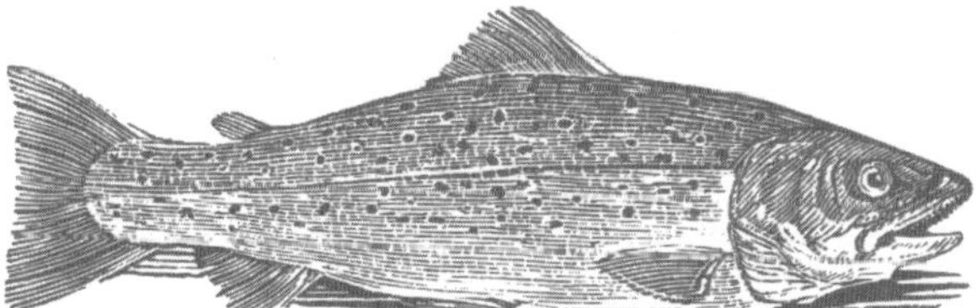

# CHAUDRÉE CHARENTAISE

## CAÇAROLA DE FRUTOS DO MAR À MODA DE CHARENTE

*A arraia não tem ossos e suas cartilagens principais são simples de remover, o que facilita o preparo.*

4 OU 5 LULAS
2 LINGUADOS
2 ARRAIAS PEQUENAS
ENGUIA
15 DENTES DE ALHO
BOUQUET GARNI
SAL
PIMENTA
VINHO BRANCO SECO
¾ DE XÍCARA DE BEURRE DE CHARENTE

Comece limpando as lulas e colocando-as para cozinhar em água com sal.

Prepare a arraia, os linguados, a enguia e cozinhe à parte – cozinhe os linguados e a arraia até que a pele do linguado e a cartilagem da arraia sejam levantadas.

Coloque todos os pedaços de peixe no fundo de um caldeirão com dentes de alho descascados, bouquet garni (com tomilho, louro e salsa), sal e pimenta. Cubra com vinho branco. Tampe e coloque no fogo. Quando começar a borbulhar levemente, acrescente a lula quase cozida. Cozinhe por 30 minutos.

Sirva em travessa grande e, no fim, junte a manteiga de Charente.

🍷 Muscadet, Sancerre

## SOLE GRILLÉE

LINGUADO GRELHADO

*Linguados de águas frias são melhores. De igual modo, linguados pescados em águas mais profundas são melhores que os capturados mais perto da costa. Sempre escolha peixes muito frescos e gordos.*

1 LINGUADO (400G)
SAL
PIMENTA
AZEITE
SALSA
1 LIMÃO-SICILIANO
MANTEIGA

Retire as duas peles do linguado. Tempere com sal, pimenta e um pouco de azeite. Doure sob gratinador ou – melhor ainda – grelhe na brasa. Tire o peixe da grelha assim que cozido, quando os filés começarem a se soltar dos ossos. Aqueça um espeto de metal até ficar incandescente e marque um quadriculado sobre o peixe. Polvilhe um pouco de salsa picada.

Sirva com 4 gomos de limão, manteiga fresca e batatas no vapor.

🍷 Mâcon do ano

## FILETS DE SOLE SAINT-GERMAIN

LINGUADO À ST. GERMAIN

1 LINGUADO (400G)
SAL
PIMENTA
MANTEIGA
FARELO DE PÃO
SALSA
SAUCE BÉARNAISE
(P. 255)

Tire os filés do linguado e tempere com sal e pimenta. Pincele com manteiga derretida e polvilhe farelo de pão. Regue com manteiga derretida e doure lentamente.

Em cada filé, derrame 1 colher (sopa) de *sauce béarnaise* e um pouco de salsa picada. Sirva no prato rodeado por batatas-bolinha salteadas.

🍷 Pouilly-Fuissé, Mâcon branco

# CAPRICE DE FILETS DE SOLE

## CAPRICHO DE FILÉS DE LINGUADO

1 LINGUADO (400G)
SAL
PIMENTA
1 CENOURA
RASPAS DE TRUFA
MANTEIGA
1 COPO DE VINHO MADEIRA
BEURRE MANIÉ (P. 254)
3 COLHERES (SOPA) DE CREME DE LEITE FRESCO
PIMENTA CAIENA
2 TOMATES
COGUMELOS
SALSA

Retire 4 filés do linguado. Tempere com sal e uma pitada de pimenta. Dobre os filés sobre para fechar e coloque-os em travessa de gratinar.

Na panela cozinhe as cenouras em cubos e a pele de uma trufa ou suas raspas no vapor. Deixe borbulhar, tampada, por 5 minutos, com um bom pedaço de manteiga. Acrescente o vinho Madeira e deixe borbulhar novamente por 3 minutos.

Despeje esse molho sobre os filés. Coloque-os no forno por aproximadamente 10 minutos.

Retire do forno, despeje o molho em outra panela e reduza. Ligue com o *beurre manié* e acrescente o creme de leite. Acerte o tempero. Acrescente a pimenta caiena.

Sobre cada filé, coloque a metade de um tomate descascado, sem sementes e salteado na manteiga. Sobre o tomate, ponha alguns cogumelos salteados na manteiga e polvilhe salsa picada.

Despeje o molho sobre os filés sem coar.

🍷 Arbois branco, Sancerre

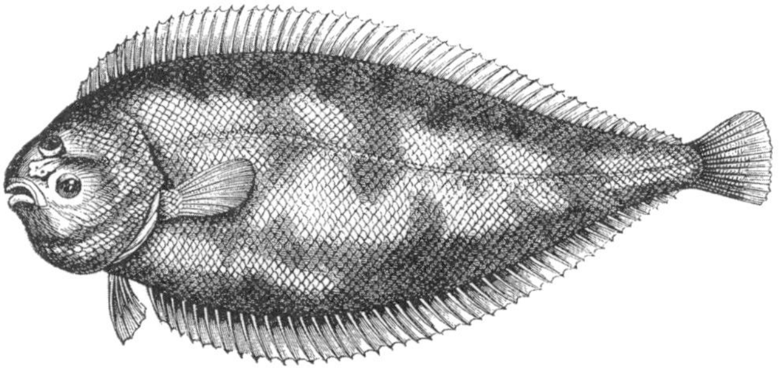

# FILETS DE SOLE À LA NORMANDE

FILÉS DE LINGUADO À NORMANDA

*Sinta-se livre para decorar o prato com flores, folhas, fatias de trufa, lagostins amarrados ou tiras de frango ou peixe empanado...*

2 LINGUADOS (400G)
MEXILHÕES
COGUMELOS
LIMÃO SICILIANO
MANTEIGA
BEURRE MANIÉ (P. 254)
CREME DE LEITE FRESCO
1 GEMA
SAL
PIMENTA
CAMARÕES COZIDOS

Tire a cabeça dos linguados, a pele preta e limpe-os. Abra os mexilhões no vapor e reserve a carne aquecida. Guarde o caldo do cozimento. Fatie os cogumelos e cozinhe em um pouco de água salgada com uma espremida de limão.

Unte a travessa de gratinar com manteiga. Coloque os filés no líquido do cozimento dos mexilhões e dos cogumelos. Cubra com papel-manteiga e cozinhe no forno em temperatura média até os filés começarem a soltar com facilidade. Retire as espinhas e a pele branca. Mantenha os filés aquecidos e cobertos.

Reduza o líquido do cozimento e ligue com o *beurre manié*. Acrescente algumas colheres (sopa) de creme de leite. Ferva, retire do fogo e incorpore uma gema, batendo bem. Prove o tempero.

Distribua os filés no centro do prato, rodeados por mexilhões, camarões descascados e cogumelos. Volte ao forno por um tempo e despeje o molho antes de servir.

🍷 Muscadet, Sancerre

# FILETS DE SOLE À LA BOURGUIGNONNE

FILÉS DE LINGUADO À BORGONHESA

1 LINGUADO (400G)
MANTEIGA
3 CHALOTAS
100G DE COGUMELOS
SAL
PIMENTA
2 COPOS DE BEAUJOLAIS
BEURRE MANIÉ (P. 254)
SALSA

Retire filés do linguado. Unte a travessa de gratinar e distribua os filés com chalotas e cogumelos em cubos. Tempere com sal e uma pitada de pimenta. Despeje 2 copos cheios de Beaujolais. Asse em forno quente por cerca de 10 minutos.

Retire do forno e despeje o líquido em panela. Reduza à metade e ligue com o *beurre manié*. No fim, acrescente um pedaço de manteiga e despeje o molho sobre o linguado. Polvilhe salsa picada.

🍷 Mâcon branco

# SOLE LUCIE

LINGUADO LUCIE

1 LINGUADO (400G)
MANTEIGA
CHALOTAS
SAL
PIMENTA
2 COPOS DE CHAMPANHE BRUT
COGUMELOS
TRUFAS
BEURRE MANIÉ (P. 254)

Apare o linguado, retire as duas peles e limpe o peixe.

Unte a travessa grande de gratinar e forre com uma camada de chalotas bem picadas. Coloque o linguado, tempere com sal e pimenta e regue com o champanhe. Asse em forno quente por 15 minutos.

Retire do forno, tire os filés do linguado e descarte todas as espinhas. Despeje o líquido do cozimento em outra panela e reduza.

Fatie alguns cogumelos e refogue na manteiga. Monte o linguado novamente, recheando com cogumelos e fatias de trufa. Ligue o molho levemente com o *beurre manié*. Despeje-o sobre o linguado e doure brevemente sob gratinador.

🍷 Pouilly-Fuissé, Pouilly-Fumé

# FILETS DE SOLE GALLIENI

FILÉS DE LINGUADO À GALLIENI

*Joseph Gallieni foi um marechal francês a quem foi atribuída a vitória da Primeira Batalha do Marne em 1914.*

- 1 LINGUADO (680G)
- 4 OU 5 COGUMELOS
- 1 COPO DE VINHO BRANCO SECO
- MANTEIGA
- SAL
- PIMENTA
- FARELO DE PÃO
- 10 FOLHAS DE AZEDINHA
- 1 XÍCARA QUASE CHEIA DE CREME DE LEITE FRESCO
- ½ LIMÃO-SICILIANO

Retire os filés do linguado. Apare e achate um pouco. Faça um caldo com as espinhas, a cabeça, talos de cogumelo e vinho branco.

Derreta um pouco de manteiga com cuidado na travessa de gratinar longa e polvilhe sal e pimenta. Passe o linguado no farelo de pão (um lado apenas). Coloque em travessa – farelo por cima – e asse em forno quente por 10 minutos, sob gratinador, de preferência, regando frequentemente com a manteiga.

Faça um molho com azedinha – sem talos, bem picada – e cogumelos picados. Coloque tudo em panela pequena com um bom pedaço de manteiga. Cubra e deixe cozinhar em fogo médio-alto por 7 a 8 minutos. Despeje 1/2 xícara do caldo de peixe e creme de leite. Deixe reduzir um pouco mais. Fora do fogo, junte o suco de limão e um pedacinho de manteiga.

Vire metade desse molho sobre o linguado dourado e sirva o restante em molheira. Certifique-se de os pratos estarem bem quentes.

🍷 Châteauneuf-du-Pape branco

## SOLE HERMITAGE

LINGUADO AO HERMITAGE

1 LINGUADO (400G)
¾ DE XÍCARA DE MANTEIGA
1 CHALOTA
CEBOLINHA
SALSA
30G DE PÃO
2 GEMAS
2 COPOS DE VINHO BRANCO SECO
SAL
PIMENTA

Limpe o linguado e arranque as duas peles, a preta e a branca. Faça um corte seguindo a espinha, como se fosse tirar os filés, mas não passe de 4cm de profundidade.

Dentro da cavidade, espalhe a seguinte mistura: a manteiga, amolecida e misturada com chalotas picadas, cebolinha e salsa; o pão e as gemas; e pimenta-do-reino.

Coloque o linguado recheado sobre a travessa de gratinar bem untada e despeje 2 copos cheios de vinho branco seco. Asse em forno quente por 15 minutos. Sirva na própria travessa.

🍷 Hermitage branco

## SOLE MEUNIÈRE AUX CÈPES

LINGUADO À MEUNIÈRE COM COGUMELOS

1 LINGUADO (400G)
SAL
PIMENTA
FARINHA
MANTEIGA
COGUMELOS PORCINI FRESCOS
SALSA

Retire a pele preta do linguado, depois apare e limpe o peixe. Enxágue e seque. Tempere com sal, pimenta e passe em um pouco de farinha, batendo para remover o excesso. Doure em panela de ferro fundido com um pedaço grande de manteiga derretida bem quente. Vire o peixe após alguns minutos. Depois desse primeiro cozimento rápido, leve ao forno.

Fatie e refogue os cogumelos na manteiga.

Quando os filés começarem a se soltar do osso, o linguado está cozido. Passe para um prato longo com um pouco de manteiga derretida. Distribua os cogumelos por cima. Polvilhe salsa picada.

🍷 Pouilly-Fuissé, Pouilly-Fumé

# TURBOT AU CHAMBERTIN

PREGADO COM CHAMBERTIN

*Se você não tiver vinho Chambertin, poderá usar um vinho da Borgonha novo e robusto. O pregado é um peixe delicioso, mas há muito desperdício. Levando em consideração os filés a serem retirados, você precisará de cerca de 450g de peixe não aparado por pessoa. Escolha, então, um peixe bem carnudo.*

PREGADO (2KG)
1 XÍCARA DE MANTEIGA
2 A 3 CHALOTAS
SAL
PIMENTA
1 GARRAFA DE VINHO CHAMBERTIN
BEURRE MANIÉ (P. 254)
SALSA

Retire os filés do pregado. Coloque-os em travessa refratária grande. Acrescente a pele branca da barriga e algumas espinhas grandes. Coloque um bom pedaço de manteiga, 2 ou 3 chalotas inteiras, sal – bem pouco – e pimenta.

Cubra com vinho e com papel-manteiga. Asse em temperatura média. Quando o líquido ferver, tire a travessa do forno, escorra os filés e corte-os em pedaços grandes – 1 por pessoa. Mantenha--os aquecidos.

Reduza o líquido do cozimento até ter apenas a quantidade necessária de molho. Coe. Ligue com o *beurre manié*, prove para garantir que o tempero está bem perceptível e deixe ferver novamente.

No fim, retire do fogo, acrescente um bom pedaço de manteiga fresca e bata vigorosamente. Despeje sobre os pedaços de peixe. Polvilhe salsa picada.

Esse prato pode ser servido com croûtons fritos com alho em frigideira, mas, se a refeição for seguida de uma noite de dança, cuidado com o alho...

🍷 Chambertin, Burgundy ou Château-Chalon branco

# TURBOT GRILLÉ À LA HOLLANDAISE

PREGADO GRELHADO À HOLANDESA

*Este prato parece simples, mas precisa de cozimento longo, pois o pregado pode ser bem grosso. Você precisará de forno grande ou grelha a carvão.*

PREGADO NÃO CORTADO (400G POR PESSOA)
HERBES DE PROVENCE
AZEITE
SAL
PIMENTA
SAUCE HOLLANDAISE (OPCIONAL, P. 257)
MANTEIGA SALGADA
LIMÃO-SICILIANO
SALSA

Lave o peixe, limpe e recheie com herbes de Provence. Pincele bem com azeite. Tempere com sal, pimenta e espalhe mais ervas por fora.

Coloque sobre o forno com gratinador ou em grelha a carvão. É comum contar 90 minutos para cada lado, virando bastante – o tempo varia conforme o peixe.

Sirva com *sauce hollandaise* com bastante limão, ou manteiga fresca, sal, limão-siciliano e salsa. Outra opção são batatas no vapor.

🍷 Mâcon novo e bem seco, Muscadet frutado

# FILETS DE TURBOTIN LÉA

FILÉS DE PREGADO PEQUENO À LÉA

*É mais fácil tirar filés do peixe se você passar sua faca no sal refinado com frequência.*

1 PREGADO NOVO
MANTEIGA
1 CHALOTA
SAL
PIMENTA
VINHO BRANCO SECO
TOMATE
COGUMELOS
CREME DE LEITE FRESCO
FARELO DE PÃO

Retire filés de um pregado novo e de boa qualidade. Coloque-os em travessa de gratinar bem untada com manteiga. Espalhe uma camada de chalotas bem picadas por cima e tempere com sal e pimenta. Preencha com vinho branco seco até a metade.

Descasque e tire as sementes de alguns tomates. Pique-os grosseiramente e refogue-os na manteiga até virar um purê. Misture alguns cogumelos bem picados no purê e o espalhe sobre cada filé.

Cubra cada filé com 1 colher de creme de leite. Salpique com farelo de pão e coloque em forno quente por aproximadamente 15 minutos, dependendo da espessura dos filés.

Sirva direto da travessa assim que sair do forno.

🍷 Pouilly-Fuissé, Chablis

## ROUGETS EN PAPILLOTES

VERMELHOS EM PAPILLOTES

- 1 VERMELHO (200G) POR PESSOA
- AZEITE
- FOLHAS DE LOURO
- BACON
- PIMENTA
- MANTEIGA
- LIMÃO-SICILIANO
- SALSA

Tire as escamas e limpe os vermelhos sem eviscerar. Coloque cada peixe em papel-alumínio bem besuntado com azeite. De um lado do peixe coloque 1 folha de louro, do outro, 1 fatia fina de bacon. Tempere levemente com pimenta e embrulhe-o, fazendo um pacote. Cozinhe sob gratinador ou em grelha a carvão por 15 a 20 minutos.

Abra os pacotes nos pratos. Sirva com manteiga de limão e salsa, ou, se quiser dar um toque mais sofisticado, com *sauce hollandaise* (p. 257) temperado com um pouco de purê de anchovas.

🍷 Branco seco, rosé de Provence

## ROUGETS À LA NIÇOISE

VERMELHO À MODA DE NICE

- 1 VERMELHO DE BOM TAMANHO POR PESSOA
- ÓLEO
- TOMATES
- ALHO
- ESTRAGÃO
- FILÉS DE ANCHOVA
- LIMÃO-SICILIANO
- SALSA
- AZEITONAS PRETAS

Remova as escamas, apare, lave e escorra os vermelhos. Coloque um pouco de azeite em panela e aqueça os peixes.

Junte-os em travessa de gratinar, cubra com polpa fresca de tomate misturada com alho espremido e estragão picado. Coloque no forno por 15 a 20 minutos.

Deixe esfriar. Coloque-os no prato longo com alguns filés de anchova sobre cada peixe e rodelas de limão. Polvilhe salsa picada. Decore o prato com azeitonas pretas. Sirva frio.

🍷 Rosé du Var

## ROUGETS MONTE-CARLO

VERMELHOS À MONTE-CARLO

*Divertido e fácil de fazer ao ar livre.*

2 VERMELHOS PEQUENOS POR PESSOA
AZEITE
SAL
PIMENTA
PÃO
MANTEIGA
PURÊ DE ANCHOVAS
BEURRE D'ANCHOIS (P. 252)
LIMÃO-SICILIANO

Remova escamas, limpe o interior, lave e seque os peixes. Com faca afiada, faça incisões nos dois lados. Esfregue no azeite e tempere com sal e pimenta. Asse em grelha a carvão ou a lenha.

Corte um pão em fatias e doure-as na manteiga, depois cubra com o purê de anchovas. Coloque um vermelho sobre cada torrada e sirva com *beurre d'anchois*, batata palha e gomos de limão-siciliano.

🍷 Rosé de Provence

## GRONDIN FARCI TRUFFÉ À LA BOULONNAISE

RUIVO COM TRUFAS À MODA DE BOULON

*Ruivos são peixes redondos e com bastante osso. Se não estiverem disponíveis, você pode substituir por dourado.*

1 RUIVO (3KG)
450G DE CARNE DE LINGUIÇA SUÍNA
PÃO BRANCO
1 CEBOLA GRANDE
1 DENTE DE ALHO
1 PUNHADO DE SALSA
2 OVOS
1 COPO DE CONHAQUE
1 GARRAFA DE VINHO BRANCO SECO
RASPAS DE TRUFA
SAL
PIMENTA
MANTEIGA

Apare, retire as escamas, eviscere e limpe o peixe. Abra um corte nas costas para retirar a espinha.

Misture a carne de linguiça com a parte branca do pão, cebolas picadas, alho, salsa, os ovos e conhaque. Refogue a mistura por alguns minutos e adicione 1 copo de vinho branco. Deixe esfriando, acrescente as raspas de trufa e tempere com sal e pimenta.

Recheie o peixe e costure para fechar. Coloque-o em travessa untada com manteiga e cubra com o restante do vinho branco. Cubra com papel-manteiga e cozinhe lentamente por 90 minutos, regando com frequência.

Corte em fatias para servir, já que as espinhas foram removidas.

🍷 Pouilly-Fuissé, Mâcon branco, Pouilly-Fumé

# LOTTE À LA BORDELAISE

TAMBORIL À BORDALESA

*O tamboril, apelidado de peixe-sapo, é sempre vendido sem a cabeça.*

- 1 FATIA DE 2,5CM DE TAMBORIL POR PESSOA
- AZEITE
- 2 OU 3 TOMATES
- 1 CHALOTA
- TOMILHO
- 1 COPO DE VINHO MADEIRA
- 1 COPO DE VINHO BRANCO SECO
- SAL
- PIMENTA
- CROÛTONS
- ALHO

Limpe e seque as fatias de peixe. Coloque em frigideira com 4 ou 5 colheres de azeite, dependendo da quantidade de peixe. Aqueça o azeite e doure as fatias em ambos os lados.

Reserve-as. Coloque mais azeite e junte os tomates descascados, sem sementes e cortados em 4 gomos. Acrescente uma chalota bem picada, tomilho, vinho Madeira, vinho branco seco, sal e pimenta. Cozinhe em fogo alto até os tomates virarem um purê.

Coloque as fatias de tamboril de volta à panela e deixe cozinhar em fogo bem baixo por 15 minutos.

Sirva com croûtons fritos em azeite esfregados em um pouco de alho.

🍷 Mâcon branco

# LOTTE RÔTIE AU CURRY

TAMBORIL ASSADO COM CURRY

*O tamboril pode ser assado no forno com molho, ou em kebabs, já que sua carne – firme e de qualidade – se comporta como a de outros animais.*

1 CAUDA DE TAMBORIL (1KG)
2 COPOS DE VINHO BRANCO SECO
MANTEIGA
SAL
PIMENTA
3L DE MEXILHÕES
ARROZ
2 COLHERES (CHÁ) DE CURRY EM PÓ
PIMENTA CAIENA
BEURRE MANIÉ (P. 254)
2 GEMAS

Remova a pele do tamboril, apare, lave e escorra. Coloque em travessa de gratinar com o vinho branco seco, 2 copos de água, um bom pedaço de manteiga, sal e pimenta. Deixe cozinhar lentamente por 30 minutos, dependendo do tamanho.

Abra os mexilhões no vapor e retire a carne das conchas. Junte o líquido do cozimento ao do tamboril (cuidado para não despejar grãos de areia que podem decantar do fundo da panela dos mexilhões).

Faça um arroz pilaf temperado com sal, curry e uma pitada de pimenta caiena.

Reduza o líquido do cozimento do tamboril e dos mexilhões à metade. Ligue com o *beurre manié* e acrescente as gemas, batendo vigorosamente. No fim, acrescente um bom pedaço de manteiga.

Monte o prato com o tamboril rodeado por mexilhões e arroz. Sirva com o molho à parte.

🍷 Pouilly-Fuissé, Mâcon branco

*(Verso) Mathieu Viannay, atual chef do Mère Brazier em Lyon*

# MERLANS À LA DIEPPOISE

BADEJO À DIEPPOISE

MEXILHÕES
COGUMELOS
VINHO BRANCO
BOUQUET GARNI
1 BADEJO (200G) POR PESSOA
BEURRE MANIÉ (P. 254)
CREME DE LEITE FRESCO
SAL
PIMENTA

Cozinhe os mexilhões e os cogumelos no court bouillon feito com vinho branco, água e bouquet garni. Reserve e mantenha quente.

Abra um corte nas costas de cada badejo, retire as espinhas e limpe por dentro. Cozinhe devagar no court bouillon um pouco abaixo da fervura. Quando estiverem cozidos, reserve-os aquecidos no prato.

Reduza o court bouillon e ligue com o *beurre manié*. Acrescente algumas colheres de creme de leite. Acerte o tempero.

Despeje o molho sobre o badejo e acompanhe com cogumelos e mexilhões.

🍷 Muscadet

# MERLANS FRITS COLBERT

BADEJO FRITO À COLBERT

1 BADEJO (200G) POR PESSOA
1 OVO
FARELO DE PÃO
ÓLEO PARA FRITAR
LIMÃO-SICILIANO
SALSA
BEURRE MAÎTRE D'HÔTEL (P. 253)
ESTRAGÃO

Limpe os peixes com cuidado. Abra um corte nas costas de cada um para retirar a espinha. Passe em ovo batido e depois no farelo de pão até cobrir bem. Frite em óleo quente.

Deixe escorrer em papel toalha. Cerque com gomos de limão e salsa inteira frita rapidamente.

Sirva com a *beurre maître d'hôtel* acrescida de 1 colher (sopa) de estragão picado. Ou ainda com batatas no vapor.

🍷 Mâcon branco, Muscadet

# BRANDADE DE MORUE

BRANDADE DE BACALHAU

*Há outras formas de preparar uma brandade – no pilão, especialmente. Este método é fácil.* Morue *e* cabillaud *são o mesmo peixe.* O cabillaud *é o bacalhau fresco, enquanto o* morue *é o bacalhau salgado ou seco.*

- 400G DE BACALHAU SALGADO
- 1 ½ XÍCARA DE AZEITE, MAIS UM POUCO PARA FRITAR
- 1 DENTE DE ALHO
- 1 XÍCARA DE LEITE
- SAL
- PIMENTA
- PÃO

Dessalgue o bacalhau pelo menos 24 horas antes. Para isso, coloque-o sobre uma peneira dentro de uma panela maior cheia de água – para que o sal saia completamente, o bacalhau não pode encostar o fundo.

Cozinhe em água limpa por 12 minutos com a panela tampada. Escorra, retire a pele e as espinhas e desmanche a carne em lascas.

Aqueça 1/2 xícara de azeite em panela de ferro fundido. Ao ferver, acrescente as lascas de bacalhau e bata com a colher de pau para desfiá-las.

Acrescente o dente de alho espremido. Incorpore o restante do azeite e leite fervente aos poucos, mexendo vigorosamente com a colher. A consistência deve ser a de um purê de batatas espesso. Acerte o tempero e coloque muita pimenta-do-reino.

Salteie algumas fatias de pão no azeite e espalhe a brandade por cima. Coloque sob gratinador por alguns minutos.

🍷 Mâcon branco

# MORUE FORESTIÈRE

BACALHAU À FORESTIÈRE

*Este prato costumava ser feito em regiões onde havia trufas. Hoje em dia é normal pensar duas vezes antes de combinar um prato tão simples com trufas que custam uma fortuna.*

450G DE BACALHAU SALGADO
COGUMELOS
TRUFAS FRESCAS
MANTEIGA
SAUCE HOLLANDAISE (P. 257)
CREME DE LEITE FRESCO

Escolha um pedaço bom de bacalhau branco e alto. Dessalgue na noite anterior, como na *brandade de morue* (p. 125). Cozinhe em água limpa por 12 minutos. Escorra, retire a pele e solte a carne dos ossos.

Refogue alguns cogumelos fatiados na manteiga com trufas em julienne. Coloque em travessa de gratinar bem untada com manteiga. Disponha os pedaços de bacalhau cortados em escalopes por cima. Cubra novamente com outra camada de cogumelos e trufas. Aqueça no forno por alguns minutos e cubra com o *sauce hollandaise* acrescentado de um pouco de creme de leite.

Coloque sob gratinador bem quente para dourar o molho sem deixar separar.

🍷 Mâcon branco

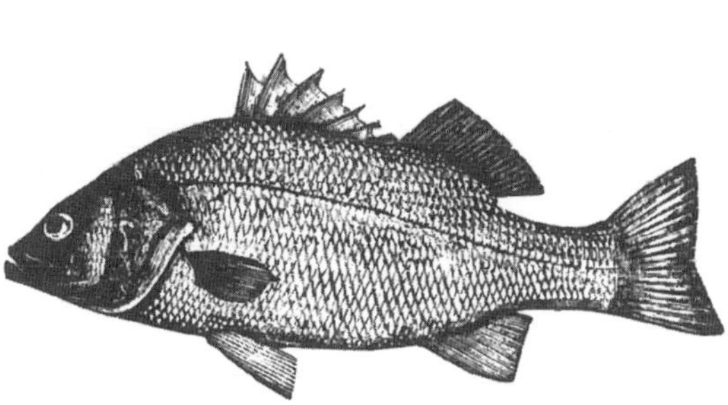

# MORUE À LA NIÇOISE

BACALHAU À MODA DE NICE

400G DE BACALHAU SALGADO
PÂTE À FRIRE (P. 245)
ÓLEO PARA FRITAR
BATATAS
AZEITE
2 OU 3 CEBOLAS
1 DENTE DE ALHO
1 TOMATE GRANDE
BOUQUET GARNI
AZEITONAS PRETAS E VERDES

Dessalgue o bacalhau pelo menos 24 horas antes, como na *brandade de morue* (p. 125).

Com cuidado, escorra, retire a pele e solte a carne dos ossos. Corte em pedaços grandes. Passe os pedaços na *pâte à frire* (massa de fritar) e frite por imersão. Reserve e mantenha quente. Cozinhe algumas batatas no vapor.

Pique bem as cebolas e, em frigideira, refogue em azeite com um dente de alho e o tomate descascado, sem sementes e cortado em 4. Regue com 2 xícaras de água. Acrescente batatas cortadas em 4, bouquet garni e azeitonas pretas e verdes sem caroço. Deixe cozinhar devagar, bem devagar.

Dez minutos antes de servir, junte os pedaços de bacalhau, com cuidado para não quebrar.

Sirva em travessa grande com batatas por baixo e bacalhau por cima e bem quente.

🍷 Rosé du Var

## HARENGS FRAIS MARINÉS

ARENQUE FRESCO MARINADO

ARENQUES
SAL
VINHO BRANCO SECO
LIMÃO-SICILIANO
AIPO
CENOURAS
CEBOLAS
PIMENTA

Limpe e remova as escamas dos arenques. Salpique com sal e reserve por 1 hora.

Enquanto isso, prepare um court bouillon, fervendo o vinho branco com limão, aipo, cenouras e cebolas picadas, sal e pimenta. Coloque os arenques no caldo mas não deixe cozinhar por completo.

Tire os arenques e distribua sobre uma travessa de cerâmica. Cubra com o court bouillon morno e deixe algumas rodelas de limão flutuando na superfície. Feche hermeticamente.

🍷 Branco seco

## HARENGS FRAIS EN RAGOÛT

RAGU DE ARENQUE

*Os arenques são melhores antes da desova, entre outubro e janeiro na Europa.*

ARENQUES
MANTEIGA
VINHO TINTO ENCORPADO
SAL
PIMENTA
CEBOLAS PEQUENAS
ALHO
1 FOLHA DE LOURO
ROUX (P. 263)
CROÛTONS

Limpe e remova as escamas dos arenques. Refogue por um instante com manteiga e cubra com a mesma quantidade de vinho tinto e água. Tempere com sal e pimenta. Junte as cebolas pequenas, o alho e o louro. Deixe cozinhar, sem ferver, por 20 a 30 minutos.

Prepare um roux. Regue com parte do caldo do cozimento dos peixes. Deixe engrossar e despeje sobre os peixes pouco antes de servir.

Sirva bem quente com croûtons fritos em azeite e esfregados em um pouco de alho.

🍷 Tinto

## HARENGS GRILLÉS SAUCE MOUTARDE

ARENQUES GRELHADOS COM MOLHO DE MOSTARDA

1 ARENQUE POR PESSOA
SAL
PIMENTA
AZEITE
ROUX (P. 263)
1 COPO DE LEITE
2 COLHERES (SOPA) DE MOSTARDA
2 COLHERES (SOPA) DE CREME DE LEITE FRESCO
2 GEMAS

Remova as escamas dos arenques. Abra-os pelas costas para retirar as espinhas, o que diminuirá o tempo de cozimento. Limpe-os. Tempere com sal, pimenta e besunte com azeite. Grelhe.

Em panela grossa, prepare um roux com 1/4 de xícara de manteiga e 1/2 xícara de farinha. Engrosse com um bom copo de leite fervente e deixe cozinhar por 10 minutos, mexendo sempre.

Retire do fogo e incorpore mostarda, creme de leite e gemas, batendo forte. Se reaquecer esse molho, jamais deixe ferver.

Sirva os arenques imediatamente após grelhar, com o molho por cima.

🍷 Rosé de Provence

## GENDARMES EN SURPRISE

GENDARMES SURPRESA

ARENQUE
PURÊ DE BATATAS
MANTEIGA
CREME DE LEITE FRESCO

Abra os arenques e retire as espinhas com cuidado. Recheie com purê de batata com muita manteiga e 1 colher de creme de leite.

Embrulhe cada peixe na folha de papel-alumínio. Cozinhe sob gratinador.

Sirva os arenques em suas “camisas”.

🍷 Muscadet, Sancerre

# FILETS DE MAQUEREAUX À LA MODE DE FÉCAMP

FILÉS DE CAVALA À MODA DE FÉCAMP

*A pesca de cavalas costuma ocorrer entre março e novembro na Europa, que é quando se aproximam da costa.*

2 CAVALAS DE QUALIDADE, FILETADAS
MANTEIGA
3 COPOS DE VINHO BRANCO SECO
2 CHALOTAS
SAL
PIMENTA
MEXILHÕES (3,2KG)
BEURRE MANIÉ (P. 254)
CREME DE LEITE FRESCO
LIMÃO-SICILIANO
SALSA

Lave os filés de cavala. Coloque em travessa de gratinar, bem untada, com 2 copos de vinho branco seco, chalotas bem picadas, sal e pimenta. Coloque no forno por 10 minutos.

Abra os mexilhões no vapor à parte, com 1 copo de vinho branco. Tire os mexilhões das conchas e misture às cavalas com o caldo do cozimento.

Reserve as cavalas e os mexilhões e mantenha quentes. Reduza o líquido do cozimento à metade. Ligue com o *beurre manié*. Acrescente algumas colheres de creme de leite, sal, pimenta e uma espremida de limão.

Distribua os mexilhões ao redor das cavalas e despeje o molho por cima. Decore com salsa picada. Sirva bem quente.

🍷 Mâcon branco, Muscadet



*(Ao lado) La Mère – sempre muito feliz em sua cozinha*

## ANGUILLES À LA CHARENTAISE

ENGUIAS À MODA DE CHARENTE

*Enguias são, acima de tudo, um peixe de estuário. Apenas vão para o mar entre março e abril, para reprodução.*

ENGUIAS
1 DENTE DE ALHO
2 CHALOTAS
2 CEBOLAS
MANTEIGA
2 COLHERES DE FARINHA
VINHO BRANCO
SAL
PIMENTA
1 PITADA DE AÇÚCAR

Retire a pele com cuidado, limpe e corte o peixe em pedaços grandes.

Pique grosseiramente o alho, as chalotas, as cebolas e, em frigideira, refogue na manteiga. Acrescente a farinha e deixe dourar um pouco, sempre mexendo com a colher de pau. Cubra com uma mistura de 1/4 de vinho branco para 3/4 de água. Tempere com sal, pimenta e deixe cozinhar por 30 minutos.

Junte os pedaços de enguia e o açúcar. Deixe cozinhar por mais 20 minutos. Sirva bem quente.

🍷 Muscadet

## ANGUILLES AU VERT À LA FLAMANDE

ENGUIAS VERDES À FLAMENGA

ENGUIAS PEQUENAS E SEM PELE (2KG)
MANTEIGA
CERVEJA
100G DE AZEDINHA LAVADA
2 COLHERES (SOPA) DE URTIGAS BRANQUEADAS
100G DE SALSA
1 COLHER (CHÁ) DE SÁLVIA
1 COLHER (CHÁ) DE SEGURELHA
1 COLHER (CHÁ) DE ESTRAGÃO
SAL
PIMENTA
AMIDO DE MILHO

Corte as enguias em pedaços de 5 a 8cm. Refogue na manteiga, em frigideira. Cubra com cerveja. Acrescente a azedinha, as urtigas, a salsa picada, a sálvia, a segurelha, o estragão e tempere com sal e pimenta. Deixe ferver por 15 minutos.

Retire os pedaços de enguia e mantenha quente. Dilua um pouco de amido de milho na cerveja morna e use para ligar o molho.

Sirva quente, com o molho, ou frio, com creme de leite.

🍷 Cerveja

## BROCHET À LA BORDELAISE

LÚCIO À BORDALESA

1 LÚCIO (CERCA DE 200G) POR PESSOA
CEBOLAS
CENOURAS
TOMILHO
LOURO
SALSA
1 GARRAFA DE VINHO TINTO DE BORDEAUX
BEURRE MANIÉ (P. 254)
SAL
PIMENTA
CROÛTONS
ALHO

Limpe o lúcio e corte em porções – 1 por pessoa.

Faça um mirepoix com cebolas e cenouras picadas grosseiramente. Em frigideira, refogue na manteiga com tomilho, louro e talos de salsa.

Coloque os pedaços de lúcio com o mirepoix e cubra com um bom vinho de Bordeaux. Ao começar a tremular o líquido, reserve os pedaços de peixe e mantenha quente em travessa de gratinar. Reduza o líquido do cozimento e ligue com o *beurre manié*. Prove o tempero.

Coe o molho por cima do peixe. Sirva com alguns croûtons salteados em azeite e esfregados em alho. Polvilhe salsa picada. Sirva com batatas no vapor.

🍷 Qualquer vinho branco seco

## SUPRÊME DE BROCHET À LA DIJONNAISE

FILÉS DE LÚCIO À MODA DE DIJON

1 LÚCIO DO SAÔNE (CERCA DE 3KG)
BACON GORDO
BOUQUET GARNI
CHALOTAS
SALSA
TOMILHO
LOURO
SAL
PIMENTA
1 COPO DE CONHAQUE
1 COPO DE VINHO MADEIRA
1 COPO DE VINHO BRANCO SECO
COGUMELOS
CREME DE LEITE FRESCO
MANTEIGA

Retire filés do lúcio. Remova as duas peles e elimine as espinhas cuidadosamente. Insira pedaços de bacon gordo nos filés do mesmo modo que o açougueiro faz em carne assada. Deixe marinar com o bouquet garni, 2 chalotas picadas, os talos de salsa, o tomilho, o louro, sal, pimenta, conhaque, vinho Madeira e vinho branco, o bastante para cobrir. Após 1 ou 2 dias, tire os filés, escorra e seque bem.

Unte com manteiga a travessa de gratinar longa. Coloque os filés em travessa com cogumelos bem picados. Despeje a marinada por cima até cobrir metade dos filés. Asse em forno razoavelmente quente por cerca de 20 minutos, regando sempre.

Quando os filés estiverem bem dourados, acrescente algumas colheres de creme de leite e alguns pedaços de manteiga.

🍷 Meursault, Chablis

# BROCHET AU BEURRE BLANC

LÚCIO AO BEURRE BLANC

1 LÚCIO (3KG)
CENOURAS
CEBOLAS
SAL
PIMENTA-DO-REINO EM GRÃO
TOMILHO
LOURO
ALHO
VINHO BRANCO (ESPECIALMENTE DO LOIRE)
VINAGRE DE VINHO
SALSA
4 CHALOTAS
2 XÍCARAS DE MANTEIGA

Limpe o lúcio. Lave e embrulhe no pano. Coloque em *poissonière* (panela especial para peixes).

Em panela grande, coloque cenouras picadas e cebolas. Acrescente sal, grãos de pimenta, tomilho, louro e alho. Deixe cozinhar por 10 minutos.

Adicione o vinho branco e o vinagre. Cozinhe por mais 15 minutos e deixe esfriar um pouco.

Despeje esse court bouillon sobre o peixe e cozinhe em fogo alto. Assim que começar a ferver, abaixe o fogo. Cozinhe sem deixar ferver, por 25 minutos.

Prepare o *beurre blanc*: Em panela de fundo grosso, reduza um copo cheio de vinagre de vinho à metade com chalotas picadas, sal e uma volta do moedor de pimenta. Acrescente a manteiga gelada, pedaço por pedaço, sem parar de mexer com um batedor de arame. Se feito corretamente, o molho ficará bem branco e cremoso.

Escorra o peixe e tire a pele de ambos os lados. Sirva em pratos quentes, coberto com o *beurre blanc*.

🍷 Sancerre, Muscadet

# CARPE DE LA DOMBES FARCIE

## CARPA DE DOMBES RECHEADA

1 CARPA (3KG)
100G DE COGUMELOS
MANTEIGA
CHALOTAS
450G DE QUENELLES DE BROCHET (P. 51)
TRUFAS
SALSA
SAL
PIMENTA
2 GARRAFAS DE VINHO BRANCO SECO
FARELO DE PÃO

Retire as escamas maiores da carpa com cuidado. Abra as costas do peixe, remova a espinha principal e todas as espinhas menores presas a ela. Limpe o interior do peixe. Reserve as ovas, se houver.

Corte bem fino os cogumelos e refogue na manteiga. Pique as chalotas e refogue na manteiga por alguns segundos.

Prepare um recheio com as *quenelles de brochet*, os cogumelos, as chalotas, trufa picada, salsa picada e as ovas da carpa. Tempere com sal, pimenta, misture bem e recheie a carpa. Costure o peixe firmemente com linha forte ou barbante culinário.

Coloque em travessa de gratinar. Cubra com vinho branco, alguns pedacinhos de manteiga e farelo de pão. Cozinhe em forno médio por 2 horas.

Retire a linha ou o barbante antes de servir. Corte o peixe em fatias e regue com os sucos do cozimento.

🍷 Meursault, Chablis

# MEURETTE DE BOURGOGNE

COZIDO DE PEIXES BORGONHÊS

*Compre peixes vivos para garantir seu frescor.*

- 1 ENGUIA PEQUENA
- 1 LÚCIO NOVO
- 1 CARPA NOVA
- 2 TRUTAS
- 1 GARRAFA DE VINHO TINTO NOVO DA BORGONHA
- 1 CEBOLA GRANDE
- BOUQUET GARNI
- SALSA
- ALGUNS CRAVOS
- 5 DENTES DE ALHO
- 2 COPOS DE CONHAQUE
- BEURRE MANIÉ (P. 254)
- PÃO

Limpe os peixes dentro e fora, e corte em porções.

Ferva 1 litro de vinho tinto em panela de barro com a cebola picada, o bouquet garni, a salsa, alguns cravos e 4 dentes de alho espremidos. Disponha os pedaços de peixe de modo que fiquem cobertos pelo vinho. Ferva em fogo alto, despeje o conhaque e cozinhe por 15 minutos em fogo alto, depois em brando.

Ligue o molho com o *beurre manié* e deixe borbulhar por 10 minutos.

Toste algumas fatias de pão, esfregue alho e coloque-as em tigela. Coloque os pedaços de peixe sobre as torradas.

Retire o bouquet garni e outros ingredientes aromáticos do molho. Junte alguns pedaços de manteiga e despeje o molho sobre os peixes.

🍷 Beaujolais nouveau

# POCHOUSE DES BORDS DE SAÔNE

COZIDO DAS BORDAS DO SAÔNE

*Qualquer mistura de peixes de água doce pode ser utilizada neste cozido – o que tiver sido pescado no dia.*

1 LÚCIO (900G)
1 ENGUIA GRANDE
1 PERCA GORDA
1 TENCA GORDA
130G DE BACON
13 DENTES DE ALHO
TOMILHO
ESTRAGÃO
SAL
PIMENTA
VINHO BRANCO SECO
BEURRE MANIÉ (P. 254)
BAGUETE
MANTEIGA

Retire as escamas, limpe e lave os peixes recém-pescados. Corte em porções.

Em panela de ferro fundido coloque o bacon em cubos, 12 dentes de alho espremidos, o tomilho e o estragão. Ponha os peixes sobre essa cama, tempere com sal e pimenta e cubra com vinho Mâcon leve e seco. Cozinhe em fogo alto.

Ao começar a ferver, ligue o molho com o *beurre manié* e deixe borbulhar por 30 minutos, mexendo ocasionalmente.

Corte rodelas da baguete, esfregue alho e doure-as na manteiga. Coloque as torradas em sopeira, coloque os peixes e coe o molho por cima. Sirva bem quente.

🍷 Pouilly-Fuissé

# TRUITE AU BLEU

TRUTA AZUL

*Esta receita tradicional é bastante cruel, pois é preciso usar trutas vivas. Ela não foi criada para pessoas sensíveis. O objetivo do vinagre é deixar a pele dos peixes azul. Algumas pessoas não gostam da pele da truta. Nesse caso, retire-a antes de servir.*

CENOURAS
CEBOLAS
SAL
PIMENTA-DO-REINO EM GRÃO
SALSA
1 GARRAFA DE VINHO BRANCO
1 COPO DE VINAGRE
1 TRUTA (200G) POR PESSOA
MANTEIGA
LIMÃO-SICILIANO

Cozinhe cenouras e cebolas picadas em água com sal, pimenta e talos de salsa por 10 minutos. Acrescente o vinho branco e 1 copo cheio de vinagre. Despeje esse court bouillon em *poissonière*.

Dez minutos antes de servir, tire as trutas – ainda vivas – do tanque, limpe-as por dentro rapidamente, lave e coloque-as no court bouillon fervente. Elas se contorcerão e a pele se quebrará em todos os lados – 5 minutos de cozimento é o bastante.

Retire os peixes e sirva em pratos com guardanapos. Cubra com manteiga derretida com sal, uma espremida de limão e salsa ou uma colherzinha de *sauce hollandaise* (p. 257) e batatas no vapor.

🍷 Gewürztraminer, Riesling

# TRUITE GRILLÉE À LA RIBEAUVILLÉ

TRUTA GRELHADA À RIBEAUVILLÉ

*É melhor servir o molho separado em vez de sobre o peixe, a seu gosto... É mais fácil também. Ribeauvillé é uma cidade na Alsácia.*

SAUCE BÉARNAISE (P. 255)
PURÊ DE TOMATE
PURÊ DE ANCHOVAS
1 TRUTA (200G) POR PESSOA
SAL
ÓLEO

Prepare o *béarnaise* e acrescente o purê de tomate e o purê de anchovas.

Remova as escamas da truta, lave e seque-a. Use a faca bem afiada para fazer alguns cortes na lateral do peixe. Salgue dentro e fora. Besunte com óleo. Grelhe em temperatura alta.

Sirva acompanhado do *sauce béarnaise*.

🍷 Gewürztraminer, Riesling

## TRUITE À LA MOLLAU

TRUTA À MOLLAU

*É melhor usar truta de rio para esta receita.*

1 TRUTA (250G) POR PESSOA
CEBOLAS PEQUENAS
MANTEIGA
VINHO ALSACIANO
SAL
PIMENTA
LOURO
CRAVOS-DA-ÍNDIA
ALHO
SALSA
MANTEIGA
PÃO

Limpe a truta com cuidado. Enxágue com água limpa e seque bem.

Refogue as cebolas picadas na manteiga. Acrescente metade de vinho e metade de água, o suficiente para cobrir o peixe. Acrescente sal, pimenta, louro, cravos, alho e salsa. Deixe o court bouillon cozinhar por 10 minutos.

Coloque a truta no bouillon e cozinhe mais 10 minutos.

Retire a truta e coloque no prato. Tempere com manteiga dourada, na qual você já deve ter fritado o pão picado bem fino. Junte um copo do court bouillon.

Sirva bem quente.

🍷 Riesling, Gewürztraminer

## TRUITE À L'AMIRAL

TRUTA À ALMIRANTE

COGUMELOS
SAL
PIMENTA
LIMÃO-SICILIANO
1 TRUTA (250G) LIMPA POR PESSOA
1 COPO DE VINHO BRANCO SECO
BEURRE MANIÉ (P. 254)
2 COLHERES (SOPA) DE BEURRE D'ÉCREVISSES (P. 253)
2 COLHERES DE CREME DE LEITE FRESCO
MANTEIGA
TRUFA

Corte os cogumelos em 4 e cozinhe em água com sal com uma pitada de pimenta e uma espremida de limão.

Retire os cogumelos e coloque a truta para cozinhar no mesmo líquido. Acrescente o vinho branco e cozinhe devagar, bem devagar.

Depois de cozida, tire a truta e arranque a pele dos dois lados. Mantenha quente em travessa de gratinar. Reduza o líquido do cozimento e ligue com o *beurre manié*. Incorpore a *beurre d'écrevisses*, o creme de leite e um pedacinho de manteiga fresca.

Decore a truta com os cogumelos e fatias de trufa. Prove o tempero do molho e despeje sobre o peixe.

🍷 Alsace, Arbois branco

# LES VOLAILLES ET LE GIBIER

# AVES E CARNES DE CAÇA

# VOLAILLE DEMI-DEUIL

FRANGO EM MEIO-LUTO

*Esta é talvez a receita mais famosa de Mère Brazier, criada com Mère Filloux. O segredo está na qualidade do frango. Seu chef Roger Garnier cozinhou frangos como esse todos os dias por vinte anos. Ele é preparado no* faitout *– literalmente uma panela "faz tudo". O tempo de cozimento é curto para um frango desse tamanho e La Mère sabiamente recomenda deixá-lo na panela por mais 30 minutos ou até mais.*

1 TRUFA DE QUALIDADE
1 FRANGO DE BRESSE (OU QUALQUER OUTRO DE QUALIDADE) COM MENOS DE 1 ANO E CERCA DE 1,4KG
CENOURAS
ALHO-PORÓ
MOSTARDA
PEPININHOS EM CONSERVA
AMEIXAS GIROTTE NO VINAGRE
SAL MARINHO

Fatie a trufa em rodelas de aproximadamente 3mm de espessura. Coloque as rodelas sob a pele do peito e coxas do frango. Enrole o frango dentro de tecido tipo musselina bem apertado. Amarre passando a linha por baixo das asas e coxas para mantê-las no lugar.

Em panela grande – um *faitout* – coloque cenoura e alho-poró. Preencha até a metade com água. Ferva. À medida que a água borbulha, mergulhe o frango e certifique-se de estar coberto, mas não demais, pela água. Cozinhe lentamente por 45 minutos.

É uma boa ideia deixar o frango no caldo por 30 minutos antes de servir. Sirva o frango com seus legumes apenas, na mesa com mostarda, picles de pepino, ameixas no vinagre e sal marinho.

🍷 Beaujolais nouveau

## VELOUTÉ DE VOLAILLE FAÇON MÈRE BRAZIER

VELOUTÉ DE FRANGO À MÈRE BRAZIER

*La Mère frequentemente preparava esta receita para seus clientes mais antigos: um velouté feito de um consommé de frango. Ela utilizava as sobras do seu* volaille demi-deuil *(à esquerda). O caldo é a base deste velouté, e é o motivo do seu sucesso.*

CONSOMMÉ DE FRANGO
TAPIOCA
CREME DE LEITE FRESCO
SAL
PIMENTA
2 GEMAS
TRUFAS (SE TIVER)

Cozinhe algumas colheres de tapioca no consommé de frango não muito salgado.

Acrescente 1/4 do volume do caldo de creme de leite de boa qualidade. Acerte o tempero e, logo antes de servir, incorpore as gemas com um batedor de arame, fora do fogo. Você pode adicionar trufas frescas em julienne. Sirva em tigelas bem quentes.

## POULET AU CHAMPAGNE

FRANGO AO CHAMPANHE

1 FRANGO (1,4KG)
MANTEIGA
4 DENTES DE ALHO
SAL
PIMENTA
4 COPOS DE CHAMPANHE BRUT

Retire asas, peitos e coxas do frango, depois corte a carcaça em pedaços. Na frigideira, doure os pedaços de frango e carcaça na manteiga.

Junte dentes de alho descascados e tempere com sal e pimenta.

Quando estiver bem dourado, deglace com 1 copo de champanhe. Repita o processo alguns minutos depois e deixe cozinhar lentamente por 35 a 40 minutos.

Regue os pedaços de frango com 2 copos de champanhe.

Tire os pedaços da carcaça e o alho de dentro da panela. Reduza o líquido. No fim do processo, acrescente um bom pedaço de manteiga e bata muito bem. Despeje o molho sobre os pedaços de frango.

Sirva com fundos de alcachofra dourados na manteiga e recheados com cogumelos salteados.

🍷 Champagne brut

# POULET AU SANG À LA BERRICHONNE

## FRANGO COM MOLHO DE SANGUE À MODA DE BERRY

*Guarde o sangue do frango adicionando 1/2 copo de vinagre de vinho. Hoje em dia talvez não se consiga sangue fresco, mas você pode substituir por chouriço.*

- 1 FRANGO (1,5KG) E SEU SANGUE
- MANTEIGA
- 6 CEBOLAS PEQUENAS
- SAL
- PIMENTA
- 2 COLHERES DE FARINHA
- 1 COPO DE VINHO BRANCO
- BOUQUET GARNI
- 2 DENTES DE ALHO

Frite os 4 quartos do frango na manteiga. Junte a cebola picada e deixe tudo dourar. Tempere com sal, pimenta e peneire a farinha por cima. Deixe dourar, regue com vinho branco e um copo de água. Acrescente o bouquet garni e dentes descascados de alho. Deixe cozinhar lentamente, tampado, por cerca de 35 minutos.

Distribua os pedaços do frango no prato.

Despeje o sangue na panela em fogo brando, sem deixar ferver, depois coe-o sobre o frango.

Sirva com macarrão fresco ou batatas fondant.

🍷 Coteaux de la Loire tinto

# POULET À LA CRÈME AUX MORILLES

FRANGO COM MORILLES E CREME

1 FRANGO DE BRESSE (OU QUALQUER OUTRO DE QUALIDADE)
SAL
PIMENTA
FARINHA
COGUMELOS MORILLES
MANTEIGA
2 XÍCARAS DE CREME DE LEITE FRESCO
LIMÃO-SICILIANO (OPCIONAL)

Corte o frango em 4. Desosse asas e coxas. Corte fora a glândula (cauda). Tempere com sal, pimenta e polvilhe com farinha. Na frigideira, cozinhe os 4 pedaços do frango na manteiga.

Enquanto cozinha, refogue os cogumelos em manteiga derretida.

Quando o frango estiver cozido, reserve os pedaços e deglace a frigideira com o creme de leite. Coloque o frango de volta, deixe borbulhar lentamente por alguns minutos e ferver. Prove o tempero do molho. Você pode, se quiser, acrescentar algumas gotas de suco de limão.

Distribua os pedaços do frango no prato. Cubra com cogumelos. Coe o molho por cima e sirva imediatamente, sem levar ao forno.

Sirva com uma travessa de arroz, que vai muito bem com molho cremoso.

🍷 Beaujolais nouveau, Côtes-du-Rhône

# POULET BONNE FEMME

FRANGO À BONNE FEMME

1 FRANGO (1,4KG)
SAL
PIMENTA
100G DE CARNE DE LINGUIÇA
FÍGADO DE GALINHA
PÃO BRANCO SEM CASCA
LEITE
SALSA
GORDURA DE BACON
MANTEIGA
12 CEBOLAS PEQUENAS
BACON GORDO
BATATAS

Tempere o interior do frango com sal e pimenta. Recheie com carne de linguiça misturada com fígados de galinha picados e pão deixado de molho no leite e espremido. Acrescente salsa picada. Costure e amarre o frango. Cubra com gordura de bacon e, na cocotte, frite lentamente na manteiga.

Junte as cebolas e os lardos. Vire o frango para ir dourando por completo. Após cozinhar por 30 minutos, acrescente batatas em cubos.

Finalize em forno médio com um copo de água, sem tampar.

Antes de servir, retire os lardos e a linha. Corte o frango em pedaços.

Volte à panela por cima das batatas e decore cada pedaço com uma colherada do recheio.

🍷 Qualquer vinho tinto

# COQ AU CHAMBERTIN

FRANGO COM CHAMBERTIN

1 FRANGO (1,5KG)
SAL
PIMENTA
FARINHA
BACON
MANTEIGA
1 CHALOTA
1 CENOURA
1 RAMO DE TOMILHO
VINHO TINTO (DE PREFERÊNCIA CHAMBERTIN OU PINOT NOIR)
BEURRE MANIÉ (P. 254)
COGUMELOS
MANTEIGA

Corte o frango em 4. Desosse as coxas e asas. Tempere com sal e pimenta e passe na farinha.

Na cocotte pequena – uma *coquille* – doure alguns bacons na manteiga. Quando estiverem dourados, reserve e deixe por perto.

Coloque uma chalota picada, uma cenoura picada, um ramo de tomilho e os pedaços de frango na panela. Doure o frango e cubra com vinho da Borgonha ou outro vinho tinto mais ácido e de qualidade, que deve ser aquecido antes. Deixe borbulhar por cerca de 1 hora.

Tire os pedaços de frango e mantenha quente. Ligue o molho levemente com o *beurre manié*. Prove o tempero, que deve ficar bem picante.

No fim, acrescente um bom pedaço de manteiga e bata muito bem. Coe o molho por cima do frango. Fatie alguns cogumelos e salteie na manteiga, depois os coloque junto do frango, assim como os bacons.

Sirva com macarrão fresco ou batatas no vapor.

🍷 Borgonha tinto, Châteauneuf-du-Pape, Bordeaux tinto

# POULET AUX ÉCREVISSES

## FRANGO COM LAGOSTINS

20 LAGOSTINS
AZEITE
CENOURAS
CHALOTAS
CONHAQUE
VINHO BRANCO
PIMENTA-DO-REINO
PIMENTA CAIENA
PURÊ DE TOMATE
BEURRE MANIÉ
(P. 254)
1 FRANGO (1,5KG)
SAL
FARINHA
MANTEIGA
2 XÍCARAS DE CREME
DE LEITE FRESCO
AMIDO DE MILHO
(OPCIONAL)

Refogue os lagostins no azeite em frigideira com cenouras e chalotas picadas. Deglace com conhaque quente e flambe. Cubra com o vinho e tempere com pimentas e purê de tomate. Cozinhe por 10 minutos com a panela coberta. Retire os lagostins, descasque 16 e deixe 4 inteiros. Reduza o líquido do cozimento e ligue com o *beurre manié*.

Corte o frango em 4. Tempere com sal, pimenta, polvilhe com farinha e salteie em manteiga quente sem dourar completamente. Quando todos os pedaços já tiverem começado a cozinhar, cubra e cozinhe por mais 35 a 40 minutos. Distribua os 4 pedaços do frango no prato quente.

Deglace a frigideira com o creme de leite e um pouco do molho de lagostins. Polvilhe pimenta-do-reino e ligue com amido de milho, se necessário.

Coloque os lagostins no prato e coe o molho por cima. Decore com os 4 lagostins inteiros.

Sirva com arroz ao curry em pratos bem quentes – como sempre.

🍷 Beaujolais, Côte-Rôtie, Hermitage

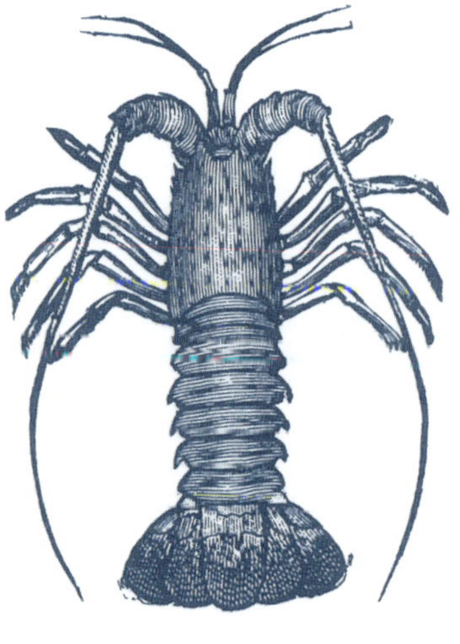

# POULET SAUTÉ CHASSEUR

## FRANGO À CAÇADORA

1 FRANGO (1,5KG)
SAL
PIMENTA
ÓLEO
MANTEIGA
140G DE COGUMELOS
1 CHALOTA
2 COPOS DE VINHO BRANCO
2 COLHERES DE PURÊ DE TOMATE
AMIDO DE MILHO (OPCIONAL)
CEREFÓLIO
ESTRAGÃO
SALSA

Separe os 4 quartos do frango, tempere com sal e pimenta e frite em óleo e manteiga. Quando estiverem dourados, cubra e cozinhe por mais 30 minutos.

Acrescente os cogumelos picados e chalotas bem picadas. Deixe cozinhar por mais 10 minutos.

Tire os pedaços de frango e mantenha quente.

Deixe os cogumelos na frigideira. Deglace com vinho branco e purê de tomate. Prove o tempero do molho. Ligue levemente com amido de milho se necessário. Acrescente 1 colher (sopa) de cerefólio e estragão picados. Despeje o molho sobre o frango e decore com salsa picada.

Este prato pode ser servido com arroz e fundos de alcachofra recheados com cogumelos.

🍷 Tavel, rosé de Provence, Beaujolais nouveau

## POULET DE GRAIN FRIT

FRANGO CAIPIRA FRITO

*Um frango ainda não limpo não deve ser guardado por mais de 24 horas, mesmo na geladeira.*

1 FRANGO CAIPIRA (800G)
1 COPO DE VINHO BRANCO
ÓLEO
TOMILHO
LOURO
SUCO DE LIMÃO-SICILIANO
SALSA
SAL
PIMENTA
1 OVO
FARINHA
FARELO DE PÃO
MANTEIGA
LIMÃO-SICILIANO
SAUCE BÉARNAISE (P. 255)

Separe as 4 partes do frango e desosse coxas e asas. Deixe marinar por 1 a 2 horas em vinho branco, azeite, tomilho, louro, suco de limão, salsa, sal e pimenta.

Escorra, seque bem, passe no ovo e empane com farinha e farelo de pão. Frite na frigideira com manteiga quente, virando algumas vezes. Deixe cozinhar por cerca de 25 minutos.

Escorra bem e coloque o frango no prato com rodelas de limão e salsa picada.

Sirva com um *sauce béarnaise* bem temperado à parte.

Acompanhe com legumes da estação, tomates à provençal ou batatas fritas.

🍷 Qualquer vinho tinto

## POULET FARCI À LA CERVELLE

FRANGO RECHEADO COM MIOLOS

MIOLOS DE BEZERRO
SAL
PIMENTA
1 FRANGO (1,5KG)
MANTEIGA

Limpe os miolos em água gelada por algumas horas. Retire e tempere com sal e pimenta. Tempere o interior do frango com sal e pimenta e insira os miolos. Costure e amarre-o. Esfregue a parte externa do frango na manteiga e leve para assar.

Corte as 4 partes do frango e coloque-as na travessa com os miolos no centro. Sirva com o suco do cozimento à parte. Cada pedaço de frango deve ser servido com uma porção de miolos.

Sirva com legumes da estação.

🍷 Qualquer vinho tinto

## POULET GRILLÉ BÉARNAISE

FRANGO GRELHADO COM SAUCE BÉARNAISE

*O frango de Allier, em Vichy, tem a pele melhor que o de Bresse.*

1 FRANGO DE ALLIER
SAL
PIMENTA
1 OVO
FARELO DE PÃO
ÓLEO
MANTEIGA
SAUCE BÉARNAISE (P. 255)

Corte o frango em 4. Retire o osso bifurcado das asas e o frontal das coxas. Tempere com sal, pimenta e mergulhe em ovo batido. Empane com farelo de pão.

Ponha um pouco de óleo na panela de ferro fundido. Coloque as 4 partes e, em cada uma, um pedaço de manteiga. Asse em forno quente por cerca de 45 minutos.

Enquanto cozinha, prepare o *sauce béarnaise*, que deve ser bem temperado e estar pronto a tempo para servir com o frango.

Ponha o frango cozido e em pedaços na travessa com tomates à provençal e batatas salteadas na manteiga, douradas e crocantes.

🍷 Châteauneuf-du-Pape, Hermitage tinto, Borgonha leve

## POULET SAUTÉ AUX CÈPES

FRANGO COM COGUMELOS

*Se não encontrar cogumelos porcini frescos, tente usar outros tipos de cogumelo selvagem de sabor intenso.*

12 COGUMELOS PORCINI COM CÚPULAS FIRMES
AZEITE
1 FRANGO (1,5KG)
SAL
PIMENTA
MANTEIGA
2 COPOS DE VINHO BRANCO
BACON
SALSA
1 DENTE DE ALHO

Lave os cogumelos em água limpa algumas vezes, escorra e refogue em azeite por 10 minutos.

Retire os 4 quartos do frango, tempere com sal e pimenta e frite na manteiga. Assim que estiverem dourados, acrescente os cogumelos. Regue com vinho branco e acrescente um pouco de bacon picado com salsa e alho. Cubra e deixe cozinhar por 30 minutos.

Coloque os pedaços de frango na travessa, cerque com os cogumelos e tomates à provençal. Despeje o molho por cima. Sirva em pratos quentes.

🍷 Bordeaux tinto leve, Côte-Rôtie, Hermitage

## POULET SAUTÉ AUX DUCS DE BOURGOGNE

FRANGO ASSADO PARA OS DUQUES DA BORGONHA

- 1 FRANGO (1,5KG)
- SAL
- PIMENTA
- MANTEIGA
- 1 COPO DE VINHO DO PORTO
- 1 COPO DE CONHAQUE
- 1 COPO DE UÍSQUE
- 1 COPO DE KIRSCH
- 2 GEMAS
- 2 XÍCARAS DE CREME DE LEITE FRESCO

Retire os 4 quartos do frango e tempere com sal e pimenta. Doure na manteiga e depois asse lentamente no forno por 40 minutos.

Tire os pedaços de frango e mantenha quente. Deglace a panela do assado com o vinho do Porto, o conhaque, o uísque e o kirsch. Deixe reduzir. Misture as gemas no creme de leite e despeje tudo na panela. Cozinhe por alguns minutos, batendo vigorosamente. Prove o tempero e coe por cima do frango.

Sirva em pratos bem quentes.

🍷 Borgonha tinto leve, Hermitage, Côte-Rôtie

## POULET SAUTÉ AU PORTO

FRANGO COM VINHO DO PORTO

- 1 FRANGO (1,5KG)
- SAL
- MANTEIGA
- 1 COPO DE CONHAQUE
- 1 COPO DE VINHO DO PORTO
- COGUMELOS
- 4 COLHERES (SOPA) DE CREME DE LEITE FRESCO GROSSO
- PIMENTA

Corte o frango em 4. Tempere com sal e coloque na frigideira com manteiga, sem deixar dourar demais. Regue com um copinho de conhaque e um copo cheio de vinho do Porto. Cubra e deixe brasear lentamente por 35 a 40 minutos.

Corte alguns cogumelos em 4 e refogue na manteiga.

Tire os pedaços de frango e mantenha quente. Acrescente creme de leite, sal, pimenta e os cogumelos à panela. Cozinhe sem ferver por alguns minutos e retorne o frango à panela.

Sirva direto da panela, com arroz.

🍷 Jura branco, tinto leve

## VOLAILLE DE BRESSE EN VESSIE AU RIESLING

FRANGO DE BRESSE NA BEXIGA DE PORCO COM RIESLING

*Um bom açougueiro pode conseguir a bexiga de porco para você. Também se pode tentar cozinhar o frango em* sous-vide.

1 BEXIGA DE PORCO
1 FRANGO DE BRESSE (1,5KG)
SAL MARINHO
4 COPOS DE RIESLING OU VINHO BRANCO SECO
ALHO-PORÓ
CENOURAS
NABOS REDONDOS

Lave a bexiga de porco em várias trocas de água fria e deixe de molho de um dia para o outro. Coloque o frango dentro da bexiga.

Tempere com um pouco de sal e preencha a bexiga com Riesling ou outro vinho branco seco. Feche bem com barbante culinário. Cozinhe no caldeirão com 1 alho-poró, 2 cenouras, um bom punhado de sal marinho e água o bastante para cobrir o frango.

À parte, cozinhe cenouras, nabos redondos e partes brancas de alhos-porós para servir como guarnição.

Abra a bexiga na mesa para os convidados apreciarem os aromas do vinho com o frango.

🍷 Borgonha leve, Côte-Rôtie, Hermitage tinto

## POULET SAUTÉ À LA PROVENÇALE

FRANGO À PROVENÇAL

1 FRANGO (1,4KG)
SAL
PIMENTA
MANTEIGA
AZEITE
1 CHALOTA
1 COPO DE CONHAQUE
2 TOMATES
1 RAMO DE TOMILHO
½ FOLHA DE LOURO
COGUMELOS
SALSA

Retire peitos e coxas com sobrecoxas, como de costume, e tempere com sal e pimenta. Aqueça na frigideira uma mistura de azeite com manteiga para dourar os pedaços de frango.

Acrescente a chalota bem picada e flambe com conhaque quente. Junte tomates sem pele e cortados em gomos, o tomilho, o louro e cogumelos em cubos. Cubra e deixe cozinhar lentamente por 35 minutos.

Retire o tomilho e o louro, acrescente um pouco de salsa picada, prove o tempero e sirva quente, direto da panela.

🍷 Tinto ou rosé da Provence

# VOLAILLE JACQUARD

FRANGO JACQUARD

1 BEXIGA DE PORCO
1 TRUFA
1 COPO DE CONHAQUE
2 FRANGOS DE BRESSE (1,8KG)
1 ALHO-PORÓ
1 TALO DE AIPO
1 TALO DE ESTRAGÃO
SAL
PIMENTA
3 A 4 COLHERES DE CREME DE LEITE FRESCO GROSSO
PIMENTA-BRANCA

Na noite anterior, deixe a bexiga de molho e troque a água várias vezes.

Coloque a trufa no copo de conhaque. Desosse os frangos completamente. Prepare um bouillon/consommé com os ossos dos frangos, a parte branca do alho-poró, aipo, estragão, sal e pimenta.

Coloque a carne de um dos frangos no moedor para fazer o recheio. Trabalhe o recheio em superfície fria ou sobre gelo e acrescente o creme de leite. Pique a trufa em cubinhos e misture. Tempere com sal e pimenta-branca.

Use essa mistura para rechear o segundo frango, volte a seu formato original e costure para fechar bem. Insira o frango dentro da bexiga e feche muito bem com barbante.

Coloque seu bouillon de frango na cocotte e ponha o frango recheado dentro, com cuidado. Cozinhe em fogo baixo, furando a bexiga com uma agulha de vez em quando, para não estourar. Cozinhe por pelo menos 1 hora.

Leve o frango à mesa ainda na bexiga.

Pode ser servido com arroz ou cenouras e nabos redondos cozidos no bouillon.

🍷 Borgonha, Bordeaux tinto, Côte-Rôtie

# Menu Clássico de La Mère Nº 4

*Turbot au Chambertin*

Pregado com Chambertin (p. 116)

◆

*Quenelles au Gratin*

Quenelles gratinadas

◆

*Poulet Grillé Béarnaise*

Frango grelhado com sauce béarnaise (p. 151)

◆

*Fromages de Saison*

Queijos da estação

◆

*Tous les Desserts*

Sobremesa à sua escolha

MÈRE BRAZIER

## CANARD RÔTI FARCI

PATO ASSADO RECHEADO

*Patos-selvagens são mais carnudos que os comuns. Você pode acrescentar o fígado do pato ao recheio de batata com azeitonas.*

1 PATO-SELVAGEM
SAL
PIMENTA
BATATAS
AZEITONAS VERDES
MANTEIGA

Tempere dentro do pato com sal e pimenta. Recheie com mistura de batatas em cubos e azeitonas picadas. Costure a abertura e coloque em forno quente dentro de uma cocotte com um pouco de manteiga. Regue com frequência e vire.

Minutos antes do fim do cozimento, escorra a gordura e junte algumas azeitonas sem caroço. Retire, fatie e distribua o pato em travessa quente com o recheio retirado de dentro da carcaça.

Para o molho, deglace a cocotte com um copo de água. Prove o tempero e despeje sobre o pato, servido em pedaços com o recheio.

🍷 Châteauneuf-du-Pape, Bordeaux tinto

## CANETON NANTAIS AUX NAVETS

PATO NOVO DE NANTES COM NABOS

1 PATO NOVO (1,4KG)
MANTEIGA
2 COPOS DE VINHO BRANCO SECO
SAL
PIMENTA
450G DE NABOS REDONDOS PEQUENOS
140G DE CEBOLAS PEQUENAS
BOUQUET GARNI

Amarre o pato e coloque-o na cocotte com um pouco de manteiga. Doure bem todos os lados e reserve. Deglace a cocotte com o vinho branco. Reduza e coloque o pato novamente. Deixe cozinhar em fogo brando. Tempere com sal, pimenta e tampe.

Em outra panela, doure os nabos e as cebolas na manteiga. Quando a ave estiver meio cozida, acrescente os nabos, as cebolas e o bouquet garni.

Fatie o pato, distribua-o na travessa quente cercada pelos legumes e despeje o suco do cozimento por cima.

Sirva em pratos bem quentes.

🍷 Qualquer vinho tinto

# DODINE DE CANARD, VOLAILLE, DINDE, OU FAISAN

## DODINE DE PATO, FRANGO, PERU OU FAISÃO

*As ballotines são feitas do mesmo modo, mas embrulhadas em tecido tipo musselina e cozidas em court bouillon. Esta receita é um tanto desafiadora. Talvez a própria Mère comprasse esse prato já pronto de seu charcuteiro. Normalmente é servido frio.*

1 PATO, FRANGO, PERU OU FAISÃO
SAL
PIMENTA
CONHAQUE
VINHO DO PORTO
PESCOÇO DE PORCO
FILÉ DE VITELO
FÍGADOS DE GALINHA
FOIE GRAS DE PATO OU DE GANSO
TRUFAS
2 OU 3 OVOS
MANTEIGA

Escolha uma ave grande e gorda. Desosse, começando pelas costas, com cuidado para não furar a pele. Tempere o interior com sal e pimenta. Borrife conhaque e vinho do Porto e deixe marinar de um dia para o outro.

Faça um recheio com o pescoço de porco, o filé de vitelo, alguns fígados de galinha, o fígado de pato ou ganso e trufas. Misture tudo com 2 ou 3 ovos.

Recheie a ave com essa mistura, costure bem e amarre como uma salsicha. Coloque na assadeira com um pouco de manteiga e asse em forno quente (o tempo depende do tamanho da ave – cerca de 1 hora para um pato).

Refrigere de um dia para o outro.

*(Verso) Roger Garnier (à esquerda) e os aprendizes em Col de la Luère*

# DINDONNE RÔTIE AUX MARRONS

PERU ASSADO COM TRUFAS E CASTANHAS

1 PERU (3KG A 4KG)
SAL
TRUFAS
MANTEIGA
2KG DE CASTANHAS DE ARDÈCHE

Tempere dentro da ave com sal. Insira fatias de trufas frescas sob a pele do peito e das coxas. Amarre o peru e coloque-o na cocotte grande com manteiga. Deixe assar por 30 minutos para cada quilo de carne.

Quando estiver bem dourado, comece a regar frequentemente com água. Repita algumas vezes.

Parta a casca das castanhas e coloque em forno quente por 10 minutos. Remova as cascas e coloque as castanhas ao redor do peru durante a última hora do cozimento.

Para deixar a carne bem macia, trinche o peru 30 minutos antes do fim do cozimento. Coloque os pedaços de peru de volta na cocotte com as castanhas e o suco do cozimento, e finalize o preparo em fogo baixo no canto do fogão.

🍷 Bordeaux tinto, Borgonha, Châteauneuf-du-Pape

# DINDONNE TRUFFÉE POCHÉE

PERU TRUFADO COZIDO

1 PERU (3KG)
TRUFAS
SAL MARINHO
1KG DE CARNE BOVINA
1 JOELHO DE VITELO
CENOURAS
NABOS REDONDOS
ALHO-PORÓ
1 TALO DE AIPO
PIMENTA
MOSTARDA
PEPININHOS EM CONSERVA
CEREJAS MORELLO EM VINAGRE

Trufe um bom peru branco como no *dindonne rôtie aux marrons* (ao lado). Amarre e embrulhe em tecido tipo musselina. Coloque para cozinhar em panela grande, coberto por água. Tempere com sal marinho. Acrescente pedaços de carne bovina e o joelho de vitelo. Quando começar a ferver, retire toda a espuma da superfície. Cozinhe sob fervura por 30 minutos para cada quilo de carne.

Após 30 minutos, acrescente as cenouras, os nabos, o alho-poró – aparado e em pedacinhos – e o aipo. Mantenha sob fervura. Prove o tempero.

Sirva o peru cercado pelos legumes, com a carne bovina e o joelho. Não se esqueça de servir, ao mesmo tempo, sal marinho, mostarda, picles de pepino e cerejas morello ácidas.

Pode também ser acompanhado de arroz com curry. Você também pode incluir 1 xícara do caldo coado para cada convidado.

🍷 Borgonha tinto, Bordeaux tinto, Hermitage tinto

# PERDREAUX, FAISANS, GRIVES, OU CAILLES RÔTIS

PERDIZ, FAISÃO, TORDO OU CODORNA ASSADA

*Todas as aves de caça costumam ser servidas assadas. A parte mais difícil é conseguir aves novas, especialmente faisões e perdizes. Não se esqueça de que essas aves são todas magras e precisam ser cozidas com bastante manteiga. La Mère nos repreenderia se não colocássemos o suficiente.*

- 1 PERDIZ, FAISÃO, TORDO OU CODORNA
- SAL
- PIMENTA
- TIRAS DE BACON GORDO
- LARDOS DE BACON MAGRO
- MANTEIGA
- CONHAQUE
- ½ COPO DE VINHO BRANCO
- APARAS DE FOIE GRAS DE PATO OU DE GANSO
- MOSTARDA
- PARTE BRANCA DE PÃO

Depene e queime as pontinhas que ficarem na pele. Limpe por dentro. Tempere com sal e pimenta, e insira o fígado na ave novamente. Enrole em tiras de bacon gordo.

Frite os lardos na manteiga na cocotte de barro ou ferro fundido grande o bastante para conter a ave inteira. Quando estiverem dourados, reserve-os e coloque a ave em seu lugar. Acrescente manteiga o quanto precisar.

Deglace a panela com um pouquinho de conhaque e, na hora de servir, com o vinho branco para fazer a manteiga fervilhar.

Retire o fígado de dentro da ave e esprema com aparas de foie gras, um pouco de mostarda, conhaque e espalhe sobre torradas de pão branco douradas na manteiga.

Costumamos servir essas aves com batata palha ou bolo de batatas e salada de agrião.

PARA FAISÕES E PERDIZES: Assim que estiverem dourados, coloque a cocotte no forno para finalizar.

PARA CODORNAS E TORDOS: Você pode acrescentar algumas uvas antes do fim do cozimento.

🍷 Borgonha tinto, Hermitage tinto, Châteauneuf-du-Pape

# PERDREAUX AUX CHOUX

PERDIZ COM REPOLHO

*Bardear – cobrir com fatias finas de bacon ou gordura de porco – ajuda a manter a suculência da carne das aves.*

- 2 REPOLHOS BRANCOS FIRMES
- SAL
- 1 PERDIZ MAIS VELHA OU FAISOA MAIS VELHA
- MANTEIGA
- 130G DE BACON MAGRO FATIADO
- 1 CEBOLA
- 3 A 4 CRAVOS
- 2 PERDIZES NOVAS
- TIRAS DE BACON GORDO

Corte os repolhos em 4. Branqueie em água com sal e enxágue com água fria. Escorra bem.

Para fazer o molho, comece a dourar a perdiz ou faisoa mais velha na manteiga. Quando estiver dourado, coloque no forno por 10 minutos com fatias de bacon magro. Coloque o repolho na cocotte grande com uma cebola espetada com cravos. Disponha a perdiz ou faisoa por cima e as fatias de bacon. Tampe a panela e cozinhe em forno brando por 1 hora.

Enquanto isso, prepare as perdizes novas, chamusque e cubra com o bacon. Asse na cocotte. Deglace a cocotte com água.

Para servir, ponha o repolho no prato com as fatias de bacon. Corte as perdizes em dois e coloque por cima. Regue com os sucos do cozimento da outra perdiz ou faisoa e sirva em pratos bem quentes. A perdiz ou faisoa mais velha podem ser consumidas frias no dia seguinte.

🍷 Borgonha tinto, Bordeaux tinto

## FAISAN À LA FICELLE

FAISÃO À FICELLE

1 FAISÃO
BACON GORDO
1 FAISÃO NOVO
SAL
PIMENTA
1 COPO DE VINHO DO PORTO
MANTEIGA

Desosse o faisão mais velho e pique a carne com bacon – cerca de metade do volume. Acrescente o fígado e a moela do faisão. Tempere com sal, pimenta e acrescente o vinho do Porto. Misture bem o recheio.

Recheie o faisão novo com a mistura e costure. Cubra com bacon.

Amarre as pernas do faisão com linha forte e suspenda a ave sobre a chama de aparas de folhas de vinha e gravetos. Dê um empurrãozinho para o faisão balançar. Regue frequentemente com manteiga derretida. Mexa de vez em quando, se não estiver virando o bastante. Deixe cozinhar por 90 minutos.

Corte o faisão em 4 e sirva o recheio sobre cada pedaço. Acompanhe com batatas sauté e salada de endívia.

🍷 Bordeaux tinto, Borgonha tinto, Hermitage, tinto

## FAISAN EN COCOTTE

FAISÃO NA COCOTTE

1 FAISÃO
SAL
PIMENTA
2 A 3 COLHERES (SOPA) DE CREME DE LEITE FRESCO
BACON
MANTEIGA
1 COPO DE VINHO MADEIRA
1 COPO DE VINHO BRANCO

Após eviscerar e chamuscar o faisão, tempere dentro com sal e pimenta e insira 2 ou 3 colheres de creme de leite na ave. Embrulhe com bacon e amarre. Doure na cocotte com um bom pedaço de manteiga.

Ao dourar, tampe a panela e finalize no forno por 35 a 40 minutos, dependendo do tamanho da ave.

Tire o faisão e despeje a gordura do cozimento ou remova-a com uma escumadeira. Corte a ave em 4 e mantenha quente. Retorne a carcaça à cocotte. Salpique vinho Madeira e vinho branco. Acerte o tempero e jogue o molho sobre os pedaços de faisão.

Você pode servir com batata palha, purê de castanhas ou cogumelos...

🍷 Bordeaux tinto, Borgonha tinto, Châteauneuf-du-Pape

# FAISAN AU POMMARD

FAISÃO COM POMMARD

*Pommard pode ser muito caro hoje em dia, mas use-o no cozimento e para servir durante a refeição.*

1 FAISÃO
SAL
PIMENTA
½ XÍCARA DE MANTEIGA
450G DE CASTANHAS DESCASCADAS
1 GARRAFA DE POMMARD OU OUTRO BOM VINHO DA BORGONHA
1 CHALOTA

Limpe e chamusque um faisão ou – ainda melhor – uma faisoa. Tempere dentro e fora com sal e pimenta. Amarre e doure por todos os lados na cocotte com um bom pedaço de manteiga. Coloque no forno por 10 minutos.

Depois, coloque castanhas descascadas ao redor do faisão e guarde 5 delas. Despeje uma garrafa quase inteira de Pommard, para cobrir metade da ave. Deixe cozinhar por 25 a 30 minutos.

Retire do forno, reserve o faisão e mantenha quente. Em travessa tipo caçarola esprema as 5 castanhas com o restante da manteiga.

Reduza o suco do cozimento, acrescente chalota picada e, fora do fogo, junte a mistura de castanha com manteiga.

Corte o faisão e coe o molho por cima. Sirva com as castanhas como guarnição.

🍷 Pommard

# BÉCASSE RÔTIE SUR CANAPÉ

GALINHOLA ASSADA

*Não se recomenda deixar a galinhola pendurada por muito tempo. Uma semana em temperatura baixa parece suficiente. As primeiras galinholas da estação, caçadas no Dia de Todos os Santos, são as melhores, pois ainda não passaram pelas durezas do inverno.*

1 GALINHOLA
BACON GORDO
CONHAQUE
VINHO BRANCO
FOIE GRAS DE PATO OU DE GANSO
MOSTARDA
SAL
PIMENTA
PARTE BRANCA DE PÃO
MANTEIGA

Embrulhe a galinhola de boa qualidade com bacon gordo. Cozinhe na cocotte de barro ou ferro fundido, sem eviscerar – 15 minutos em fogo alto devem ser o bastante.

Corte a galinhola em 4 e retorne os ossos quebrados à panela, regue com um pouco de conhaque e vinho branco.

Retire os intestinos, soque no pilão e passe pela peneira. Misture com o fígado, um pouco de mostarda, conhaque, sal e pimenta. Doure fatias de pão na manteiga para fazer croûtons.

Sirva os pedaços de galinhola regados com o suco do cozimento e os croûtons, sem nenhuma outra guarnição.

🍷 Grand Bordeaux, Borgonha tinto

# RÔTIES DE BÉCASSES, DE GRIVES, OU D'ALOUETTES

GALINHOLAS, TORDOS OU COTOVIAS ASSADAS EM CANAPÉS

*Esta receita é menos grandiosa que servir aves assadas inteiras, mas pode ser preparada com antecedência. Além disso, é mais fácil de comer, pois não há ossos.*

GALINHOLAS, TORDOS OU COTOVIAS
MANTEIGA
CONHAQUE
VINHO BRANCO
FOIE GRAS
MOSTARDA
TRUFAS
SAL
PIMENTA
PARTE BRANCA DE PÃO

Cozinhe as aves como de costume, ou seja, na cocotte com manteiga e finalizada no forno no caso de aves maiores. Não eviscere as galinholas. As aves devem ficar um pouco rosadas.

Retire-as da panela e faça um molho, deglaçando com conhaque e vinho branco.

Desosse as aves completamente e triture a carne no pilão ou liquidificador, com os intestinos no caso da galinhola (menos a moela). Misture com foie gras, mostarda, trufa picada, conhaque, sal e pimenta. Espalhe sobre croûtons feitos com fatias de pão sem casca douradas na manteiga. Mantenha quente na travessa refratária por 10 minutos antes de servir.

No fim, regue os canapés com o suco do cozimento.

🍷 Grand Bordeaux, Borgonha

## SALMIS DE BÉCASSES

SALMIS DE GALINHOLA

2 GALINHOLAS
MANTEIGA
130G DE COGUMELOS
100G DE TRUFAS
1 COLHER DE MIREPOIX
1 COPO DE CONHAQUE
2 COPOS DE VINHO BRANCO
SAL
PIMENTA
AMIDO DE MILHO

Doure as galinholas (sem eviscerar) na cocotte com um bom pedaço de manteiga e finalize no forno por 10 a 12 minutos. Enquanto isso, fatie e refogue os cogumelos na panela.

Corte cada ave em 4 e remova a pele. Coloque os pedaços na frigideira untada e cubra com cogumelos e fatias de trufa.

Aqueça as carcaças na cocotte com quaisquer aparas de carne e o mirepoix. Regue com conhaque, vinho branco, um pouco de água ou – melhor ainda – caldo de carne de caça. Tempere com sal, pimenta e ligue levemente com um pouco de amido de milho. Acrescente um pouco de manteiga e coe esse molho sobre os pedaços de galinhola.

Prepare alguns canapés com o fígado e os intestinos.

🍷 Bordeaux, Borgonha tinto

## PIGEONNEAUX EN CRAPAUDINE

POMBO ASSADO AGACHADO

*O melhor modo de reter o sabor de um pombo é assando-o. Batata palha vai muito bem com este prato.*

1 POMBO NOVO
SAL
PIMENTA
MANTEIGA
FARELO DE PÃO
1 OVO COZIDO
AGRIAO
SAUCE BÉARNAISE (P. 255)

Puxe as pernas do pombo em direção ao estômago e quebre-as do estômago às asas, dando a aparência de um sapo. Tempere com sal, pimenta e sele no forno com um pouco de manteiga. Retire do forno e cubra com farelos finos de pão. Regue com manteiga derretida e asse por 10 minutos (sangrando) ou 20 minutos (bem passado) na parte superior do forno.

Na hora de servir, cubra os olhos da ave com rodelas pequenas de clara de ovo e fatias de trufa imitando pupilas.

Sirva no prato quente cercado por agrião e *sauce béarnaise* à parte.

🍷 Qualquer vinho tinto

# CAILLES AU NID

## CODORNAS NO NINHO

*Se não conseguir aves selvagens, você pode comprar as do tipo caipira, mas evite aquelas criadas industrialmente.*

CODORNAS
RECHEIO DE LINGUIÇA GODIVEAU OU DE QUALQUER OUTRO TIPO
1 FÍGADO FRESCO DE PATO OU DE GANSO
TRUFAS
BACON GORDO
VINHO BRANCO
VINHO MADEIRA
SAL
PIMENTA
CREME DE LEITE FRESCO
MANTEIGA
AMIDO DE MILHO
BATATA PALHA
PANQUECAS FINAS
COGUMELOS

Desosse as codornas. Guarde as cabeças para usar como decoração. Use os ossos e aparas para fazer um caldo intenso.

Recheie as aves com a carne de linguiça, o fígado e trufa picada. Dobre e enrole formando ballotines, depois embrulhe com bacon. Cozinhe no caldo diluído com vinho branco e vinho Madeira. Tempere com sal e pimenta.

Depois de cozidas, doure as codornas no forno sem as fatias de bacon.

Reduza o líquido do cozimento, ligue com creme de leite e manteiga. Se necessário, engrosse com um pouco de amido de milho.

Faça um ninho com batata palha grande o bastante para caber as codornas e a guarnição. A base do ninho deve ser coberta por panquecas muito finas. Insira as codornas e coloque as cabeças novamente. Acrescente cubos generosos de trufas e cúpulas de cogumelos refogados na manteiga.

Sirva o molho à parte na molheira.

🍷 Bordeaux tinto, Borgonha tinto

# PINTADEAUX RÔTIS

## GALINHA D'ANGOLA ASSADA

*Se não encontrar galinhas d'angola pequenas, substitua por outras aves fêmeas de caça de porte similar.*

- 1 GALINHA D'ANGOLA POR PESSOA
- SAL
- PIMENTA
- MANTEIGA
- BACON MAGRO
- CONHAQUE
- ½ COPO DE VINHO BRANCO

Escolha galinhas d'angola bem pequenas – não muito maiores que uma codorna –, tempere com sal e pimenta e envolva em bacon. Pegue uma cocotte com o tamanho mais ou menos certo para contê-las e doure alguns lardos. Quando estiverem com uma cor boa, reserve-os e coloque as aves. Cozinhe no forno, virando sempre, por aproximadamente 15 minutos.

Retire as aves e deglace a panela com um pouquinho de conhaque e o vinho branco. Prove o tempero.

Tire o bacon. Corte as aves ao meio no sentido do comprimento e coloque-as de volta na panela, com os lardos para ganharem cor no molho.

Sirva direto da panela. Acompanhe com batata palha.

🍷 Borgonha tinto, Bordeaux, Châteauneuf-du-Pape

# GIGUE DE CHEVREUIL, DE CERFS, JAMBON DE SANGLIER GRAND VENEUR

PERNIL DE CERVO, CORÇO OU JAVALI À GRAND VENEUR

CARNE DE CAÇA
CENOURAS
CEBOLAS
PIMENTA-DO-REINO EM GRÃO
SALSA
BOUQUET GARNI
1 GARRAFA DE VINHO BRANCO DA BORGONHA
BACON GORDO
SAUCE POIVRADE (P. 173)
SAL
AMIDO DE MILHO
CREME DE LEITE FRESCO

Marine a carne – cervo ou javali – por 48 horas com cenouras, cebolas, grãos de pimenta, salsa e um bouquet garni, coberto por um bom vinho branco da Borgonha.

Escorra, seque e embrulhe a carne com bacon gordo. Use a marinada para brasear na parte superior do forno. Continue cozinhando no forno, regando de vez em quando com mais marinada.

Use os ossos e aparas da carne para fazer um *sauce poivrade*, no qual você deve acrescentar os sucos do cozimento da carne. Acerte o tempero do molho e ligue com um pouco de amido de milho. Acrescente um pouco de creme de leite no fim.

Fatie a carne e sirva o molho bem quente à parte. Acompanhe com purê de castanhas.

🍷 Grand Bordeaux, grand Borgonha

# MARINADE DE LA MÈRE BRAZIER

MARINADA DE LA MÈRE BRAZIER

CENOURAS
CEBOLAS
CHALOTAS
SALSA
TOMILHO
LOURO
1 TALO DE AIPO
VINHO BRANCO OU TINTO
1 COPO DE VINAGRE
AZEITE
SAL
PIMENTA-DO-REINO EM GRÃO
CRAVOS-DA-ÍNDIA

Pique as cenouras, as cebolas e as chalotas. Coloque metade delas na terrine com metade da salsa, tomilho, louro e aipo.

Coloque as carnes a serem marinadas por cima seguidas do restante dos legumes e aromáticos. Cubra com vinho branco ou tinto, dependendo do prato, um copo de vinagre, algumas colheres de azeite, sal, grãos de pimenta e cravos. Deixe ao ar livre, virando os pedaços de carne algumas vezes.

Para pedaços maiores, você pode cozinhar a marinada, ou seja, dourar os legumes e ingredientes aromáticos no azeite. Junte o vinho e o vinagre e cozinhe por 30 minutos. Deixe esfriar completamente antes de marinar a carne.

# SAUCE MOSCOVITE POUR VENAISON

MOLHO MOSCOVITA PARA CERVO

*Este molho tem como base o* sauce poivrade *e foi criado para ser servido com cervo, javali ou outras carnes de caça.*

2 XÍCARAS DE SAUCE POIVRADE (AO LADO)
CALDO DE CERVO
½ XÍCARA DE VINHO DOCE MALAGA
4 COLHERES (SOPA) DE ZIMBRO
4 COLHERES (SOPA) DE AMÊNDOAS
4 COLHERES (SOPA) DE GROSELHAS

Acrescente o caldo de cervo ao *sauce poivrade*, assim como o vinho doce, o zimbro – deixado previamente de molho em 1/3 de xícara de água quente por 10 minutos –, amêndoas torradas e sem pele, e groselhas, deixadas de molho para ficarem macias e inchadas. Mantenha quente sem deixar ferver.

# SAUCE POIVRADE POUR GIBIER

MOLHO POIVRADE PARA CARNE DE CAÇA

*Este molho é usado para fazer o sauce grand veneur, obtido ao adicionar 1/2 copo do sangue do animal. Misture o sangue com um pouco da marinada. Deixe cozinhar sem ferver por alguns minutos. Coe com tecido de musselina fino. Se não tiver sangue, é apenas um* sauce poivrade.

- 4 CENOURAS
- 3 CHALOTAS
- SALSA
- TOMILHO
- 1 FOLHA DE LOURO
- AZEITE
- 900G DE APARAS DE CARNE DE CAÇA
- 1 ¼ XÍCARA DE VINAGRE DE VINHO
- 1 XÍCARA QUASE CHEIA DE VINHO BRANCO
- 2L DE CALDO DE CARNE DE CAÇA
- 3,3L DA MARINADE DE LA MÈRE BRAZIER (AO LADO)
- 12 GRÃOS DE PIMENTA-DO-REINO
- MANTEIGA (OPCIONAL)

Prepare um mirepoix de cenouras, chalotas, talos de salsa, tomilho e uma folha de louro. Refogue no azeite com as aparas de carne.

Quando a carne estiver dourada, escorra o excesso de azeite. Regue com vinagre e vinho branco. Deixe reduzir completamente.

Acrescente o caldo, feito com ossos, e a marinada. Cozinhe lentamente no forno, coberto, por 3 horas.

Acrescente grãos de pimenta esmagados, cozinhe por mais 40 minutos e coe bem. Prove o tempero.

Você pode acrescentar um pedaço de manteiga no fim para deixar o molho mais encorpado e aveludado.

🍷 Borgonha tinto

## RÂBLE DE LIÈVRE OU SELLE DE CHEVREUIL SAUPIQUET

LOMBO DE LEBRE OU CERVO COM MOLHO SAUPIQUET

- 1 LOMBO DE LEBRE (OU CERVO)
- MARINADE DE LA MÈRE BRAZIER (P. 172)
- BACON GORDO
- 1 CEBOLA
- MANTEIGA
- SAL
- PIMENTA
- SANGUE DA LEBRE
- 1 COPO DE CONHAQUE
- ¼ DE XÍCARA DE CHALOTAS EM CUBOS
- PRESUNTO
- 1 DENTE DE ALHO
- TOMILHO
- LOURO

Marine o lombo por 24 horas.

Remova a película ao redor do lombo. Faça alguns cortes na carne e insira cubinhos de bacon gordo. Leve para assar na cocotte com uma cebola picada e um pouco de manteiga. Tempere com sal e pimenta. A carne deve ficar rosada.

Bata o fígado da lebre no liquidificador com o sangue (se você o tiver) e um copinho de conhaque.

Refogue chalotas em cubos e presunto na manteiga. Acrescente alho triturado e regue com 470ml da marinada. Junte tomilho, louro e deixe reduzir a 2/3.

Coe o molho em outra panela e deixe ferver. Despeje a mistura de sangue com fígado no fim, batendo para engrossar.

Corte a carne no sentido do comprimento e sirva o molho à parte. Acompanhe com castanhas inteiras ou purê de castanhas.

🍷 Grand Bordeaux tinto

# LIÈVRE À LA CRÈME

LEBRE COM CREME

*Se a lebre ficar muito seca durante o cozimento, regue com um pouco da marinada.*

- 1 LEBRE (2,5 A 3KG)
- VINHO BRANCO
- SAL
- PIMENTA-DO-REINO EM GRÃO
- BOUQUET GARNI
- 1 CENOURA
- 1 CEBOLA
- 1 COPO DE CONHAQUE
- 140G DE BACON
- MANTEIGA
- 1 CHALOTA
- 1 COLHER DE FARINHA
- 1,1L DE CREME DE LEITE FRESCO
- COGUMELOS
- PIMENTA CAIENA
- AMIDO DE MILHO

Corte a lebre e coloque para marinar na terrine coberta por vinho branco bem envelhecido – os da Borgonha vão muito bem. Acrescente sal, grãos de pimenta, bouquet garni, a cenoura cortada em 4, cebola picada e conhaque. Deixe fora da geladeira e vire a carne algumas vezes.

Escorra e seque a lebre. Doure alguns lardos na manteiga na cocotte grande. Quando estiverem dourados, reserve-os por perto.

Doure os pedaços de lebre na mesma panela com uma chalota picada. Polvilhe com farinha, doure um pouco, tampe e deixe cozinhar muito lentamente por cerca de 2 horas.

Quando a lebre estiver quase cozida, acrescente o creme de leite e deixe cozinhar sob fervura até ficar pronta.

Retire os pedaços da lebre, ponha no prato com os lardos e alguns cogumelos refogados na manteiga.

Prove o tempero do molho e acrescente um pouco de pimenta caiena. Se necessário, ligue com um pouco de amido de milho. Coe o molho por cima da carne. Pode ser servido com arroz ao curry.

🍷 Borgonha tinto, Bordeaux tinto, Hermitage tinto

# CIVET DE LIÈVRE OU DE LAPIN

## COZIDO DE LEBRE OU COELHO

*Dependendo do tamanho da lebre ou do coelho, o número de pedaços pode variar de 6 a 9.*

1 LEBRE OU COELHO NOVO
SAL
PIMENTA-DO-REINO EM GRÃO
1 CENOURA
1 CHALOTA
BOUQUET GARNI
SALSA
1 COPO DE CONHAQUE
VINHO TINTO ENCORPADO
1 COLHER DE AZEITE
140G DE LARDOS MAGROS
3 A 4 COLHERES DE FARINHA
CEBOLAS PEQUENAS (OPCIONAL)
COGUMELOS (OPCIONAL)
MANTEIGA
CROÛTONS

Guarde o sangue da lebre (se tiver) e limpe o animal por dentro. Corte a lebre em pedaços e coloque na terrine com sal, grãos de pimenta, uma cenoura cortada em 4, uma chalota picada, um bouquet garni e alguns talos de salsa. Regue com o conhaque e cubra com um bom vinho tinto encorpado – Bordeaux ou Borgonha. Acrescente o azeite e deixe marinar por 1 dia ou mais.

Retire os pedaços e coe a marinada.

Doure os lardos na *coquille* grande (cocotte). Quando estiverem dourados, retire e reserve. Refogue os legumes da marinada e depois os pedaços de lebre. Após cozinhar bem por alguns minutos, polvilhe com farinha e regue com a marinada. Deixe cozinhar sem ferver por pelo menos 2 horas, dependendo da idade da lebre.

Retire cada pedaço de carne com um garfo e coloque na cocotte para servir. Acerte o tempero do molho, que deve ficar perceptível, mas sem exagero. Engrosse o molho com o sangue do animal, batendo vigorosamente. Acrescente um bom pedaço de manteiga no fim e coe o molho sobre os pedaços de carne e os lardos. Você também pode acrescentar cebolas pequenas ou cúpulas de cogumelos pequenos refogados na manteiga.

Acompanhe de croûtons cortados em triângulos com as pontas passadas em salsa picada. Sirva com macarrão fresco ou batatas no vapor.

🍷 Grand Bordeaux, grand Borgonha

# HURE DE MARCASSIN

CABEÇA DE JAVALI NOVO

1 CABEÇA DE JAVALI NOVO
SAL
PIMENTA
SAL DE CURA
ESPECIARIAS (PIMENTA, CRAVO, NOZ-MOSCADA, CANELA)
CHALOTAS
SALSA
VINHO BRANCO
250G DE VITELO
250G DE CARNE DE PORCO
2 OVOS
TRUFAS
FOIE GRAS DE PATO OU DE GANSO (OPCIONAL)
CEBOLAS
CENOURAS
BOUQUET GARNI
MANTEIGA
SAUCE TARTARE (P. 263)

Chamusque ou grelhe a cabeça para remover os pelos. Lave com cuidado com água fervente, de modo que não sobrem pelos. Escorra e desosse a cabeça completamente. Abra a carne na superfície e tempere com sal, pimenta, sal de cura, temperos, chalotas picadas e salsa. Veja instruções no pacote do sal de cura para saber a quantidade. Borrife vinho branco e deixe marinar por 24 horas.

Prepare um recheio com carne de vitelo e pescoço de porco. Pique bem fino e acrescente os ovos, chalotas picadas – refogadas na manteiga – trufa picada e um pouco de foie gras de ganso, se tiver.

Coloque o recheio no centro da cabeça, volte a seu formato original e costure bem.

Embrulhe no pano limpo, amarre e cozinhe no caldeirão com sal, pimenta, cebolas, cenouras, bouquet garni e ossos da cabeça. Você pode verificar se está cozido espetando uma agulha de tricô na cabeça; ela deve entrar com facilidade. Deixe a cabeça no caldo do cozimento até esfriar completamente.

Sirva com um bom *sauce tartare* à parte.

🍷 Alsace, Pouilly-Fumé

# LES VIANDES
# CARNES

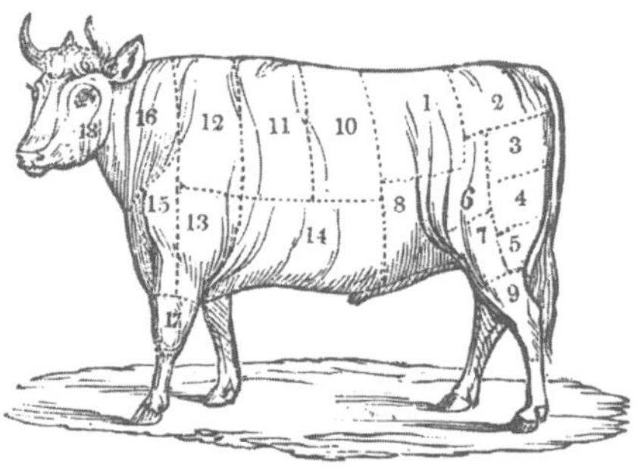

## ÉPAULE DE MOUTON BOULANGÈRE

PALETA DE CARNEIRO À BOULANGÈRE

*Você também pode preparar pernil assim. Carneiro é difícil de encontrar, mas um cordeiro um pouco maior poderá substituí-lo.*

1 PALETA DE CARNEIRO
MANTEIGA
BATATAS CEROSAS AMARELAS
CEBOLA
SAL
PIMENTA
RAMO DE TOMILHO

Desosse a paleta – retire todos os ossos. Recomenda-se manter a carne aberta, sem enrolar.

Coloque um pouco de manteiga na travessa e cubra com rodelas um pouco grossas de batatas e uma cebola picada. Tempere com sal, pimenta e acrescente o tomilho. Coloque a carne por cima e leve ao forno. Deixe assar por 30 minutos por quilo para a carne ficar *saignant* (rosada).

Quando a paleta estiver cozida, retire do forno e molhe a travessa com um pouco de água para retirar o suco deixado na travessa.

Fatie a carne e coloque de volta sobre as batatas. Sirva na própria travessa sem nenhuma outra guarnição.

🍷 Beaujolais, Côte-Rôtie

## BARON D'AGNEAU

TRASEIRO E PERNIL DE CORDEIRO

*Presume-se que preparar um "baron", que inclui os dois gigots (pernis) e o lombo, indica a presença de vários convidados importantes. Por outro lado, é preciso algumas ideias para conseguir executar com perfeição este prato imponente. De qualquer forma, os convidados sempre se impressionam quando um baron é servido e fatiado à sua frente.*

TRASEIRO E PERNIL DE CORDEIRO
ALHO
MANTEIGA
SAL
PIMENTA

Esfregue um pouco de alho na carne. O cozimento ocorre no forno com manteiga, sal e pimenta. Deve-se servir o baron um pouco *saignant* (rosado).

Todos os legumes da estação combinam.

🍷 Beaujolais, Borgonha leve

# CARRÉ D'AGNEAU GRILLÉ

CARRÉ DE CORDEIRO GRELHADO

*Um carré de cordeiro deve ser tratado como uma peça só e contém 9 costeletas.*

1 CARRÉ INTEIRO DE CORDEIRO
SAL
PIMENTA
ÓLEO

Apare o carré como se faz com costeletas. Desosse a coluna vertebral e retire-a completamente, para facilitar na hora de fatiar. Raspe a carne sobre os ossos da costela até cobrir apenas 2cm. Remova a pele que cobre a carne. Tempere com sal, pimenta, esfregue no óleo e asse sob um gratinador, na parte superior do forno ou na grelha a carvão. Regue com frequência. Não cozinhe demais – deve ficar um pouco *saignant* (rosado).

Fatie na frente dos convidados. Sirva com legumes da estação, tomates à provençal ou batatas.

🍷 Côte-Rôtie, Hermitage tinto

# NAVARIN DE MOUTON (RAGOÛT)

NAVARIN DE CORDEIRO (RAGU)

*Ao comprar os ingredientes, escolha nabos firmes, lisos e sem marcas. Evite os muito grandes, pois tendem a ser fibrosos.*

900G DE CORDEIRO OU DE CARNEIRO
MANTEIGA
2 COLHERES DE FARINHA
2 OU 3 DENTES DE ALHO
BOUQUET GARNI
SAL
PIMENTA
2 COLHERES DE PURÊ DE TOMATE
CEBOLAS PEQUENAS
CENOURAS
NABOS REDONDOS
BATATAS

Corte o cordeiro ou carneiro em pedaços – paleta, peito ou nuca. Coloque na cocotte com um pouco de manteiga para dourar. Junte a farinha e deixe corar; depois acrescente alho descascado, bouquet garni, sal, pimenta, purê de tomate e cubra com água ou caldo. Tampe e cozinhe no fogão por cerca de 1 hora, dependendo da qualidade da carne.

Acrescente as cebolas pequenas, cenouras e nabos, em pedaços pequenos dourados na manteiga. Coloque algumas batatas em cubos grandes. Finalize o cozimento, que no total deve levar de 90 minutos a 2 horas.

Remova a gordura do molho com uma escumadeira e sirva em pratos quentes.

🍷 Côtes-du-Rhône, Beaujolais nouveau leve

# GIGOT DE MOUTON BRAISÉ À LA LYONNAISE

PERNIL DE CARNEIRO À MODA DE LYON

- 1 PERNIL DE CARNEIRO OU DE CORDEIRO COM OSSO
- 1 DENTE DE ALHO
- 1 CEBOLA
- CENOURAS
- VINHO BRANCO SECO
- 2 COLHERES DE PURÊ DE TOMATE
- SAL
- PIMENTA
- 30 CEBOLAS PEQUENAS
- MANTEIGA

Esfregue alho no pernil carnudo e redondo de carneiro ou de cordeiro. Doure na caçarola, com cebola picada e cubos de cenoura.

Regue com o vinho branco seco. Junte o purê de tomate e tempere com sal e pimenta. Tampe e cozinhe no forno por 5 horas.

Refogue as cebolas pequenas na manteiga. Quando estiverem douradas, tampe e deixe cozinhar no próprio vapor. Elas serão a guarnição – você pode, claro, incluir outras.

Quando a carne estiver bem cozida, sirva com uma colher, pois não será possível cortar com faca.

Remova a gordura dos sucos do cozimento e sirva bem quente.

🍷 Beaujolais, Côtes-du-Rhône

# SELLE D'AGNEAU RÔTIE

SELA DE CORDEIRO ASSADA

*A sela é composta pelos dois lombos e o músculo traseiro. A dificuldade está em fatiar a sela, o que deve ser feito na mesa. Será necessário faca longa o bastante, de lâmina fina e muito afiada. Corte ambos os lados da sela no sentido do comprimento em fatias finas, até chegar ao osso.*

- 1 SELA DE CORDEIRO
- MANTEIGA
- SAL
- PIMENTA

Esfregue manteiga em toda a sela. Asse em temperatura média por tempo pouco maior que o necessário para pernil – cerca de 40 minutos por quilo, dependendo da espessura da carne.

Quando estiver bem cozido, tempere com sal e pimenta. Fatie a carne. Prepare um molho deglaçando a travessa do assado com um pouco de água. Sirva com o suco do cozimento à parte.

Acompanhe essa carne com *gratin dauphinois* (p. 77) ou outros legumes de primavera.

🍷 Bordeaux leve, Borgonha, Hermitage

# GIGOT D'AGNEAU À LA BROCHE

PERNIL DE CORDEIRO NO ESPETO

*Escolha um pernil bem redondo. Peça para o açougueiro desossá-lo, o que o deixa mais fácil de fatiar. Algumas pessoas colocam o cordeiro no forno ainda frio. Isso é errado, pois não sela a carne propriamente. Acima de tudo, nunca asse um gigot com antecedência. Basta colocá-lo para assar enquanto os convidados bebem aperitivos.*

1 PERNIL DE CORDEIRO
1 DENTE DE ALHO
AZEITE
SAL
PIMENTA

Esfregue alho no pernil. Não se recomenda inserir os dentes de alho na carne, pois algumas pessoas se incomodam com o aroma.

Embrulhe as duas pontas com papel-alumínio. Besunte com azeite.

Aqueça a grelha ou o forno. Deixe assar por 15 minutos para cada quilo de carne.

Regue com frequência e, quando estiver cozida, tempere a peça inteira com sal e pimenta.

Para fatiar, comece pela ponta mais fina e corte no sentido do comprimento.

Sirva em pratos quentes acompanhado de legumes da estação, batatas fritas, salada de agrião...

🍷 Beaujolais, Côte-Rôtie, Hermitage tinto

## BOEUF BOURGUIGNON

CARNE À MODA DA BORGONHA

450G DE ACÉM OU COXÃO MOLE
BANHA OU ÓLEO
6 CEBOLAS PEQUENAS
1 COLHER DE FARINHA
1 DENTE DE ALHO
1 GARRAFA DE VINHO TINTO
1 COLHER DE PURÊ DE TOMATE
BOUQUET GARNI
BACON GORDO
SAL
PIMENTA
COGUMELOS
SALSA

Escolha carnes não muito magras. Corte a carne em cubos grandes e doure na panela em fogo alto com banha ou óleo.

Junte as cebolas pequenas e doure. Adicione farinha e cozinhe por 1 minuto.

Acrescente o alho e cubra com vinho tinto. Coloque purê de tomate, bouquet garni e alguns cubos de bacon refogados. Tempere com sal e pimenta. Tampe e cozinhe lentamente 2 horas.

Acrescente cogumelos crus e cozinhe por mais 15 minutos.

Sirva quente, polvilhado com salsa picada, e com purê de batatas ou macarrão fresco.

🍷 Borgonha tinto leve, Hermitage tinto

## FILET DE CHAROLAIS ROSSINI

FILÉ ROSSINI

*Este prato é razoavelmente simples, mas precisa ser preparado na hora. Sua receita pede* foie gras au naturel *(terrine), mas também pode ser servido com foie gras cozido na panela.*

1 PORÇÃO DE FILÉ-MIGNON CHAROLÊS POR PESSOA
MANTEIGA
SAL
PIMENTA
1 CHALOTA
1 COPO DE VINHO DO PORTO
FOIE GRAS AU NATUREL (P. 62)
TRUFA

Doure os pedaços de carne em panela com um bom pedaço de manteiga. Deixe mal ou bem passado, a gosto de cada convidado. Tempere com sal e pimenta. Retire e mantenha a carne aquecida.

Refogue uma chalota bem picada até começar a branquear. Deglace com um bom copo de vinho do Porto.

Sirva cada porção de carne com uma fatia de foie gras e outra de trufa.

Acrescente um pedacinho de manteiga ao molho fervente no fim. Bata vigorosamente por alguns segundos. O sabor deve ficar bem intenso. Despeje sobre cada porção.

🍷 Bordeaux tinto

## BOEUF MODE

### CARNE BOVINA À MODA

*Para esta receita dar certo, é preciso pelo menos 900g de carne. Peça para o açougueiro bardeá-la com bacon ou gordura e também que desosse o pé. A receita literalmente pede bochechas, mas uma barriga de porco menor e mais fina também serve.*

- 1 PEDAÇO DE CARNE BOVINA (900G)
- BANHA
- VINHO BRANCO
- 1 PÉ DE VITELO
- 2 BOCHECHAS DE PORCO
- SAL
- PIMENTA
- BOUQUET GARNI
- 30 CEBOLAS PEQUENAS
- CENOURAS

Sele bem a carne na caçarola grande com banha. Doure bem todos os lados.

Cubra a carne com metade água e metade vinho branco.

Acrescente o pé de vitelo – desossado – e as bochechas. Tempere com sal, pimenta e o bouquet garni. Cubra e deixe cozinhar por 1 hora.

Acrescente as cebolas e as cenouras em rodelas suficientes para uma porção. Deixe cozinhar por mais 90 minutos.

Remova a gordura do molho, prove o tempero e sirva muito quente com as cenouras, lembrando-se de fatiar o pé em pedaços pequenos.

Também pode ser servido frio.

🍷 Beaujolais, Côtes-du-Rhône

## BOEUF SAUTÉ À LA LYONNAISE

### CARNE BOVINA À MODA DE LYON

*Esta receita é ideal para utilizar as sobras de um* pot au feu *ou braseado de carne.*

- 2 OU 3 CEBOLAS
- MANTEIGA
- CARNE BOVINA COZIDA
- SAL
- PIMENTA
- SALSA

Pique 2 ou 3 cebolas, dependendo da quantidade de carne. Na frigideira refogue na manteiga.

Fatie bem fino a carne e refogue-a com manteiga em outra frigideira.

Junte a carne com as cebolas e salteie tudo. Tempere com sal e pimenta.

Sirva com salsa picada e batatas sauté.

🍷 Coteaux-du-Lyonnais

# BOULETTES DE BOEUF AU SANCERRE

ALMÔNDEGAS COM SANCERRE

200G DE CARNE BOVINA MAGRA
400G DE PESCOÇO DE PORCO
100G DE VITELO
1 CEBOLA
1 CHALOTA
SALSA
SAL
PIMENTA
FARINHA
GORDURA DE BACON MAGRO
MANTEIGA
2 COPOS DE VINHO TINTO DE SANCERRE
1 BOUQUET GARNI

Pique todas as carnes com cebola, chalota e um pouco de salsa. Tempere com sal e pimenta e misture bem. Faça bolinhas do tamanho de um ovo e passe na farinha.

Aqueça a gordura de bacon com um pouco de manteiga na cocotte. Coloque as almôndegas e regue com vinho tinto de Sancerre e um copo de água. Acrescente o bouquet garni e deixe borbulhar por cerca de 1 hora.

Sirva com arroz, macarrão fresco ou purê de batatas.

🍷 Red Sancerre

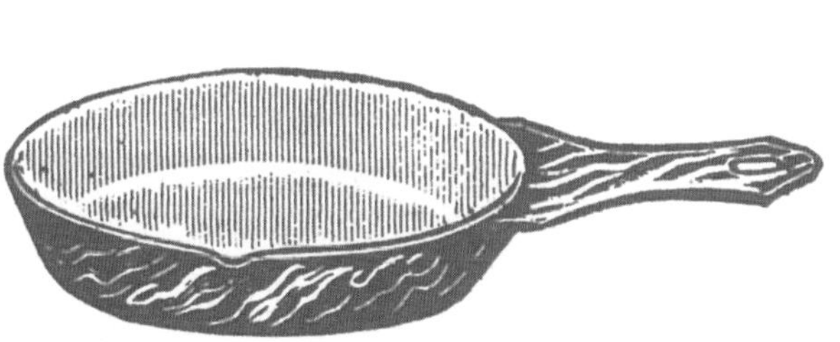

## ENTRECÔTES À LA BORDELAISE

ENTRECÔTES À BORDALESA

*Vire os bifes na panela quando surgirem gotas de sangue nas superfícies ainda não cozidas.*

BIFES PEQUENOS
1 OU 2 CHALOTAS
2 A 3 PITADAS DE FARINHA
1 COPO DE VINHO TINTO DE BORDEAUX
SAL
PIMENTA
TUTANO BOVINO
SALSA

Doure os pedaços de carne na panela com manteiga. Devem ficar levemente rosados ou *saignant*. Retire-os e reserve aquecidos.

Acrescente chalotas bem picadas e cozinhe por alguns minutos. Junte a farinha e regue com vinho. Tempere com sal, pimenta e acrescente o tutano cortado em rodelas. Deixe derreter um pouco no molho.

Coloque os bifes em pratos quentes, despeje o molho, polvilhe um pouco de salsa picada e decore cada bife com uma rodela de tutano.

Pode ser servido com batatas fritas ou macarrão fresco.

🍷 Bordeaux tinto leve

## GOULASCH DE BOEUF AU RIZ

GOULASH DE CARNE BOVINA COM ARROZ

*Este é um prato originalmente húngaro. Seu nome se refere aos pastores de gado, chamados de* golyas.

560G DE MÚSCULO OU COXÃO DURO BOVINO
BACON GORDO
2 CEBOLAS
1 PIMENTÃO
¼ DE XÍCARA DE MANTEIGA
SAL
PIMENTA
PÁPRICA

Corte a carne em cubos grandes e o bacon gordo em lardos pequenos. Pique as cebolas e o pimentão muito bem.

Coloque a manteiga na cocotte, faça uma camada de lardos, uma camada de carne e tempere com sal, pimenta e páprica. Cubra com uma camada de cebola e pimentão. Faça outra camada de carne, tempere com sal, pimenta e páprica. Cubra com o restante de cebola e pimentão. Regue com 2 copos de água e tampe. Deixe cozinhar no fogão por 3 horas, lentamente.

Sirva bem quente com uma travessa de arroz.

🍷 Vinho tinto encorpado

# BLANQUETTE DE VEAU

BLANQUETTE DE VITELO

*Vitelos novos, criados pela própria mãe, são sempre de excelente qualidade.*

560G DE PEITO E PALETA DE VITELO
CEBOLAS PEQUENAS
1 CENOURA
BOUQUET GARNI
SAL
PIMENTA
BEURRE MANIÉ (P. 254)
CREME DE LEITE FRESCO
GEMAS
COGUMELOS
PEPININHOS EM CONSERVA

Corte a carne em pedaços do tamanho de uma garfada. Coloque-os na cocotte grande e cubra com água fria. Leve ao fogo e, assim que ferver, remova toda a espuma com uma escumadeira.

Junte algumas cebolas pequenas, a cenoura cortada em 4, o bouquet garni, sal e pimenta. Deixe cozinhar lentamente por 90 minutos, dependendo da quantidade de carne.

Escorra, mas reserve o líquido do cozimento. Ligue o líquido com o *beurre manié* e deixe esse molho cozinhar por 15 minutos.

Misture algumas colheres de creme de leite com 1 a 2 gemas, sal e pimenta na tigela. Incorpore ao molho batendo vigorosamente. Acrescente cogumelos fatiados e cozidos, além de 1 ou 2 pepininhos em conserva picados.

Sirva a carne bem quente em pratos quentes com o molho. Normalmente é servido com arroz – simples ou ao curry.

🍷 Tinto leve

# Menu Clássico de La Mère Nº 5

*Soufflé au Saumon*

Suflê de salmão (p. 50)

◆

*Quenelles au Gratin*

Quenelles gratinadas

◆

*Filet de Charolais Rossini*

Filé Rossini (p. 184)

◆

*Fromages de Saison*

Queijos da estação

◆

*Sorbets aux Fruits*

Sorbet de fruta (p. 239)

◆

*Galette Bressane*

Galette de Bresse (p. 248)

MÈRE BRAZIER

# GRENADINS DE VEAU

## MEDALHÕES DE VITELO

*Um medalhão é um corte redondo em forma de cilindro curto. Peça para o açougueiro inserir pedaços de bacon na carne.*

1 MEDALHÃO POR PESSOA
MANTEIGA
BACON
CEBOLA
CENOURA
CALDO
BOUQUET GARNI
SAL
PIMENTA
AMIDO DE MILHO

Coloque o vitelo em panela própria para forno, com manteiga e bacon. Refogue com cenouras e cebolas picadas. Molhe com caldo ou água. Coloque o bouquet garni. Tempere com sal, pimenta e braseie no forno, regando com frequência.

Distribua os medalhões no prato. Engrosse o suco do cozimento com um pouco de amido de milho diluído em água. Prove o tempero e coe por cima da carne.

Sirva em pratos bem quentes acompanhado de legumes da estação ou macarrão fresco.

🍷 Tinto leve

# ESCALOPES PANÉES

## ESCALOPES EMPANADOS

*Você não é obrigado a usar filé-mignon para os escalopes. Outros cortes macios dão tão certo quanto.*

1 ESCALOPE DE VITELO POR PESSOA
SAL
PIMENTA
FARINHA
1 OVO
ÓLEO
FARELO DE PÃO
MANTEIGA

Achate os escalopes na tábua com a lateral de uma faca grande. Tempere com sal, pimenta, farinha e passe na mistura de ovo batido, 1 colher de água, 1 de óleo, uma pitada de sal e uma de pimenta. Cubra bem com farelo de pão. Frite na panela de fundo grosso – de preferência de ferro fundido – com manteiga. Cozinhe devagar.

Pode ser servido de diferentes modos: com uma rodela de limão e um filé de anchova por cima, com tomate *concassé* salteado na manteiga, com macarrão fresco, com folhas de espinafre ou com corações de alcachofra *à la Clamart* (recheados com ervilhas).

🍷 Tinto leve

## ESCALOPES DE VEAU PETRONIANA

ESCALOPES DE VITELO À PETRONIANA

1 ESCALOPE DE VITELO POR PESSOA
SAL
PIMENTA
MANTEIGA
PRESUNTO CRU ITALIANO
QUEIJO GRUYÈRE

Doure os escalopes na manteiga na frigideira pequena. Tempere com sal e pimenta.

Na metade do cozimento, retire e coloque os escalopes na travessa de gratinar untada com manteiga. Cubra cada escalope com uma fatia de presunto cru e algumas fatias finas de queijo Gruyère.

Deixe em forno bem quente por alguns minutos para derreter e gratinar o queijo.

Sirva com espaguete ou arroz.

🍷 Beaujolais, Hermitage tinto

## CÔTES DE VEAU POJARSKI

BISTECAS DE VITELO À POJARSKI

*Pojarski foi um dono de hospedaria russo que realizou a difícil tarefa de remontar o vitelo em seus ossos para o Czar Nicolau II no começo do século XIX.*

1 BISTECA DE VITELO POR PESSOA
MANTEIGA
FARELO DE PÃO
LEITE
SAL
PIMENTA

Retire as bistecas do osso e remova possíveis ligamentos ou nervos. Reserve os ossos. Pique a carne e junte com 1/4 de seu peso de manteiga misturada com farelos de pão, deixados de molho no leite e bem espremidos. Tempere com sal, pimenta, forme pequenos hambúrgueres e doure na manteiga, dos dois lados, na frigideira. Use uma espátula para virar, pois os hambúrgueres se quebram com facilidade.

Sirva com legumes da estação ou macarrão fresco.

🍷 Tinto leve

## PAUPIETTES DE VEAU BRAISÉES

ROLINHOS DE VITELO BRASEADOS

*Este é um daqueles pratos cozidos lentamente que permite muitas variações de recheio: com repolho, com peixe...*

1 ESCALOPE FINO DE VITELO POR PESSOA
SAL
PIMENTA
UMA FATIA DE PRESUNTO COZIDO
MANTEIGA
1 CEBOLA
1 CENOURA

Pegue um lado do escalope e achate na tábua. Tempere com um pouco de sal e pimenta e cubra com uma fatia fina de presunto. Enrole e amarre com barbante culinário.

Na cocotte, coloque um pouco de manteiga, cebola e cenoura picadas e refogue os rolinhos com os legumes. Quando tudo estiver bem dourado, molhe com água e leve ao forno para cozinhar, regando sempre para brasear bem (cerca de 1 hora).

Distribua os rolinhos no prato, lembrando-se de tirar o barbante. Prove o tempero do molho e despeje sobre a carne.

Sirva com legumes da estação ou macarrão fresco.

🍷 Tinto

## POITRINE DE VEAU FARCIE

PEITO DE VITELO RECHEADO

*Este prato só pode ser feito para um bom número de convidados importantes.*

½ PEITO DE VITELO
1 CHALOTA
MANTEIGA
FINES HERBES
CARNE DE LINGUIÇA
1 OVO
SAL
PIMENTA
CEBOLAS
CENOURAS
CALDO

Tire a carne dos ossos e parta ao meio, no sentido do comprimento. Crie uma espécie de bolso no meio.

Refogue a chalota picada na manteiga e acrescente as *fines herbes* picadas. Retire do fogo. Misture com a carne de linguiça, o ovo, sal e pimenta. Recheie o “bolso”.

Costure o peito com cuidado e braseie com cebolas e cenouras. Doure a peça toda e regue com caldo ou água. Tampe a cocotte e cozinhe no forno por pelo menos 2 horas.

Corte em fatias e despeje os sucos por cima. Sirva com legumes da estação. Também pode ser servido frio.

🍷 Tinto

# MÉDALLIONS DE VEAU À LA PROVENÇALE

MEDALHÕES DE VITELO À PROVENÇAL

1 FILÉ-MIGNON DE VITELO
AZEITE
BACON DEFUMADO
RINS
SAL
PIMENTA
TOMILHO

Corte o filé de vitelo em medalhões e doure-os no azeite. Retire e enrole-os em bacon defumado.

Corte os rins em rodelas e refogue na mesma panela dos medalhões.

Monte um espeto alternando as rodelas de rim com os medalhões. Tempere com sal, pimenta e salpique tomilho. Pincele com azeite e leve à grelha a carvão.

Sirva com tomates à provençal e cogumelos salteados ou grelhados.

🍷 Rosé de Provence

# SAUTÉ DE VEAU MARENGO

VITELO À MARENGO

*Napoleão Bonaparte derrotou os austríacos na batalha de Marengo, na Itália, em 14 de junho de 1800.*

1 PALETA DE VITELO
AZEITE
MANTEIGA
1 CEBOLA
1 COLHER DE FARINHA
1 DENTE DE ALHO
2 COPOS DE VINHO BRANCO SECO
2 COLHERES DE PURÊ DE TOMATE
SAL
PIMENTA
COGUMELOS
SALSA
CROÛTONS

Corte a carne em partes grandes. Aqueça azeite e manteiga na cocotte. Doure os pedaços de carne.

Acrescente cebola bem picada e farinha. Deixe dourar um pouco. Coloque alho espremido e regue com vinho branco seco e purê de tomate. Tempere com sal, pimenta e deixe cozinhar lentamente por 1 hora na cocotte tampada.

Junte alguns cogumelos crus e cozinhe por mais 10 minutos.

Retire a gordura do molho com cuidado. Sirva bem quente com salsa picada e croûtons pequenos dourados na manteiga.

Acompanhe com legumes da estação ou macarrão fresco.

🍷 Tinto leve

# TENDRONS DE VEAU

## TENDRON DE VITELO

*O tendron é um corte gorduroso localizado perto do tórax, na parte superior do peito.*

PONTA DE AGULHA DE VITELO
CEBOLAS
CENOURAS
MANTEIGA
CALDO
SAL
PIMENTA
NABOS REDONDOS
AIPO

Corte a carne no sentido do comprimento em tiras com 2 dedos de largura. Coloque na cocotte com cebolas e cenouras picadas e manteiga. Doure bem.

Cubra 3/4 do volume com caldo ou água. Tempere com sal, pimenta e ferva. Passe para um forno em temperatura média, sem tampar, e cozinhe por 2 horas, regando sempre.

Refogue algumas cebolas, cenouras, nabos e aipo picados na manteiga em frigideira própria para forno. Tampe e deixe cozinhar no vapor do forno por 20 minutos.

Dez minutos antes de a carne estar pronta, acrescente os legumes e deixe cozinhar junto.

Para finalizar, retire a gordura dos sucos.

Sirva bem quente, com legumes da estação.

🍷 Côtes-du-Rhône

## CÔTES DE VEAU BONNE FEMME

BISTECAS DE VITELO À BONNE FEMME

12 CEBOLAS PEQUENAS
BACON MAGRO
MANTEIGA
1 BISTECA GROSSA DE VITELO POR PESSOA
PIMENTA
SAL
FARINHA
COGUMELOS
1 COPO DE VINHO BRANCO SECO
CALDO

Na cocotte refogue uma dúzia de cebolas pequenas e alguns lardos na manteiga. Quando estiverem bem dourados, reserve-os e coloque em seu lugar as bistecas temperadas com pimenta, sal e passadas na farinha. Doure os dois lados.

Coloque as cebolas e os lardos de volta, com cogumelos fatiados e refogados na manteiga. Regue com vinho e um pouco de caldo. Tampe e deixe cozinhar por mais 30 minutos.

Sirva bem quente com o molho, que não deve ficar muito ralo – reduza o quanto precisar.

Sirva com folhas de espinafre ou um mix de legumes da estação.

🍷 Rosé, tinto leve

## CÔTES DE VEAU À LA CRÈME

BISTECAS DE VITELO AO CREME

SAL
PIMENTA
FARINHA
1 BISTECA GROSSA DE VITELO POR PESSOA
1 A 2 CHALOTAS
MANTEIGA
CREME DE LEITE FRESCO
COGUMELOS
LIMÃO-SICILIANO

*Cozinhe as bistecas em fogo baixo para ficarem macias.*

Tempere as bistecas com sal, pimenta e passe na farinha.

Refogue 1 ou 2 chalotas bem picadas na manteiga em panela com fundo grosso. Assim que ficarem brancas, reserve-as e coloque as bistecas em seu lugar. Doure os dois lados. Cubra a panela e deixe cozinhar lentamente por 15 minutos.

Coloque as chalotas de volta com algumas colheres de creme de leite para formar um molho espesso. Acrescente alguns cogumelos cortados em 4. Prove o tempero e deixe borbulhar por 4 a 5 minutos.

Junte uma espremida de limão e sirva bem quente.

Normalmente é servido com arroz.

🍷 Branco leve, rosé

## BAECKEOFE

BAECKEOFE (COZIDO ALSACIANO)

*Este prato alsaciano, da segunda metade do século XIX, era preparado no forno do padeiro, o* baeckeofe. *As quantidades devem ser suficientes para encher sua cocotte.*

CARNE DE PORCO FRESCA
CARNE DE CARNEIRO
VINHO BRANCO SECO DE UVAS RIESLING
BATATAS
CEBOLAS
TOMILHO
1 FOLHA DE LOURO
SAL
PIMENTA
MANTEIGA

Corte pedaços grandes de porco e carneiro em quantidades iguais (de preferência, carnes próximas da paleta). Deixe marinar na noite anterior com vinho branco, preferencialmente de uvas Riesling.

Coloque uma camada de batatas em rodelas grandes na cocotte grande, se possível de barro. Disponha alguns pedaços de carne por cima. Cubra com outra camada de batatas e cebolas picadas, um pouco de tomilho e louro. Alterne camadas de carne e legumes, terminando com uma de batatas.

Tempere com sal, pimenta e regue com marinada o bastante para cobrir totalmente as batatas. Espalhe alguns pedaços de manteiga. Comece assando na parte superior do forno, depois tampe e asse em forno brando por 2 horas. Sirva bem quente na própria panela.

🍷 Riesling ou outro vinho alsaciano

## CÔTES DE PORC GRAND-MÈRE

BISTECAS DE PORCO DA VOVÓ

1 BISTECA DE PORCO POR PESSOA
MANTEIGA
1 CEBOLA
1 OVO
SAL
PIMENTA
CRÉPINE (REDANHO, PERITÔNIO)

Desosse as bistecas e pique a carne. Acrescente 1 xícara de manteiga por quilo de carne, mais a cebola picada já refogada na manteiga e o ovo. Tempere com sal, pimenta e misture bem.

Remonte a carne ao redor dos ossos. Embrulhe em *crépine* (coifa). Doure sob um gratinador, regando com manteiga derretida.

Forme uma coroa com as bistecas. Sirva com purê de batatas.

🍷 Qualquer vinho tinto

# CARRÉ DE PORC À LA PAYSANNE

LOMBO DE PORCO À PAISANA

*Este é um prato extremamente prático, em que tudo é feito na mesma travessa. Você também pode acrescentar outros legumes e batatas e, se parecer muito seco, um copo de vinho branco, de preferência o mesmo que irá servir. No restaurante o vinho sempre seria um Rhône ou Beaujolais. O tempo de cozimento realmente depende do tamanho da travessa, mas, se não for muito grande, pode-se colocar os legumes mais cedo.*

1 LOMBO DE PORCO
MANTEIGA
1,1KG DE BATATA
2 OU 3 CEBOLAS
SAL
PIMENTA
SALSA

Coloque um lombo de porco, limpo pelo açougueiro, no forno para assar. Asse de preferência na travessa de barro por cerca de 20 minutos por quilo, com um pouco de manteiga, em forno quente.

Na metade do cozimento, coloque batatas em gomos ao redor do lombo. Acrescente cebolas picadas e salteadas na manteiga. Tempere com sal e pimenta. Regue constantemente as batatas com o suco da carne. Ela deve ficar bem cozida.

Sirva na própria assadeira, salpicado com salsa picada.

🍷 Beaujolais, Côte-Rôtie, Hermitage tinto

# CHOUCROUTE À L'ALSACIENNE

## CHUCRUTE À ALSACIANA

*Salsichas Montbéliard são defumadas com serragem de Franche--Comté, perto da Alsácia. Sirva uma tacinha de kirsch alsaciano com o* choucroute *para ajudar a digestão.*

- VINHO BRANCO ALSACIANO
- 1 PÉ DE VITELO
- 1 CENOURA
- 1 CEBOLA
- CRAVOS-DA-ÍNDIA
- SAL
- PIMENTA
- ZIMBRO
- COMINHO
- 1,4KG DE CHUCRUTE CRU
- 450G DE BACON DEFUMADO
- 1 SAUCISSON
- SALSICHAS, BARRIGA DE PORCO DEFUMADA, PRESUNTO

Em cocotte grande de barro coloque 1 litro de água, 2 copos de vinho alsaciano, o pé de vitelo, a cenoura, 1 cebola espetada com cravos, sal, pimenta, zimbro, um pouco de cominho e o chucrute, lavado em água limpa e bem espremido. Deixe cozinhar por 1 hora.

Junte o bacon defumado e um *saucisson* – de Montbéliard, por exemplo. Deixe cozinhar por mais 1 hora e, antes do fim do processo, coloque especialidades alsacianas compradas no *charcutier* – salsichas, barriga de porco defumada, presunto etc. – cozidas.

À parte, cozinhe batatas no vapor para acompanhar.

Coloque na mesa em réchaud e sirva aos pouquinhos em pratos quentes.

🍷 Alsace

## COCHON DE LAIT FARCI ENTIER

LEITÃO DE LEITE INTEIRO RECHEADO

1 LEITÃO DE LEITE INTEIRO
SAL
PIMENTA
CARNE DE LINGUIÇA
FINES HERBES
AZEITONAS
CHALOTAS
COGUMELOS
MANTEIGA

Tempere o interior do leitão com sal e pimenta.

Frite a carne de linguiça antes de misturar com as ervas, azeitonas, chalotas e cogumelos picados. Use a mistura para forrar o interior do porco. Costure com cuidado e amarre os pés sob o corpo. Mantenha a cabeça reta com um espeto. Esfregue manteiga em tudo e coloque no forno para assar ou asse no espeto.

Você deve deixar assar por pelo menos 2 horas, dependendo do tamanho. Regue com frequência.

Sirva inteiro e fatie na frente dos convidados, acompanhado de legumes da estação.

🍷 Beaujolais nouveau

## POTÉE AUVERGNATE

COZIDO DE AUVERGNE

1 CABEÇA DE PORCO
1 KG DE BACON MAGRO
1 JOELHO DE PORCO
CENOURAS
NABOS REDONDOS
1 AIPO-RÁBANO
CEBOLAS
BOUQUET GARNI
1 REPOLHO VERDE
FEIJÃO-BRANCO
BATATAS
MIOLOS

Coloque a cabeça suína no caldeirão grande com o bacon magro e o joelho. Cubra com água e deixe ferver.

Retire as impurezas com uma escumadeira e acrescente cenouras inteiras, nabos inteiros, aipo-rábano em quartos, cebolas inteiras e bouquet garni. Cozinhe por 1 hora.

Acrescente o repolho – branqueado e cortado em 4 – e feijões semicozidos. Cozinhe por mais 1 hora.

Adicione as batatas cortadas em 4 e os miolos. Cozinhe por mais 30 minutos e acrescente mais água fervente se necessário.

Para servir, escorra as carnes e corte em pedaços pequenos, menos os miolos. Coloque os pedaços de carne na travessa grande, cercados pelos legumes.

🍷 Beaujolais, Hermitage tinto

# JAMBON FRAIS EN CROÛTE

PRESUNTO EN CROÛTE

*O presunto deve ser salgado com uma seringa por um* charcutier, *que já tem a água salgada e o sal de cura. Peça um presunto fresco grande o bastante para servir todos os convidados. A massa de pão pode ser* pâte à brioche *(p. 60).*

1 PRESUNTO FRESCO
CEBOLAS
CENOURAS
TOMILHO
LOURO
1 GARRAFA DE VINHO BRANCO
1 XÍCARA DE VINHO DO PORTO
MASSA DE PÃO
1 GEMA

Comece no forno, primeiro assando o presunto com cebolas inteiras e cenouras em quartos, tomilho e louro. Molhe com o vinho branco e o do Porto e regue com frequência.

Na metade do cozimento – considere 10 minutos por quilo de presunto – retire a carne do forno e deixe esfriar o bastante para remover borda de gordura, excesso de gordura e ossos.

Embrulhe o presunto em massa de pão, feita com antecedência ou comprada pronta, aberta até ficar com 2cm de espessura. Pincele com uma gema e asse na parte inferior do forno por mais 10 minutos por quilo.

Sirva inteiro e fatie na mesa, acompanhado de folhas de espinafre ou cogumelos com creme de leite.

🍷 Bordeaux, tinto leve



*(Ao lado) Gaston Brazier, filho de Eugénie*

## ANDOUILLETTE AU CHAMPAGNE

ANDOUILLETTE AO CHAMPANHE

*Andouillette é a versão melhorada de* andouille, *a linguiça rústica de tripa.*

1 ANDOUILLETTE POR PESSOA
2 COPOS DE CHAMPANHE
SAL
PIMENTA

Refogue a andouillette na frigideira em fogo alto por uns 10 minutos.

Coloque na travessa de gratinar. Deglace a frigideira com champanhe e despeje o molho sobre a andouillette. Tempere com sal, pimenta e coloque no forno por 5 a 6 minutos.

Sirva com salada de vegetais da estação com bacon.

🍷 Pouilly-Fumé, Mâcon branco

## COEUR DE VEAU BRAISÉ AUX CAROTTES

CORAÇÃO DE VITELO BRASEADO COM CENOURAS

*O coração de vitelo pode ser cortado em fatias no sentido do comprimento e salteado na manteiga, como um bife.*

1 CORAÇÃO DE VITELO POR PESSOA
CEBOLAS PEQUENAS
1 COPO DE BOUILLON
SAL
PIMENTA
450G DE CENOURAS
MANTEIGA

Refogue o coração na manteiga com algumas cebolas pequenas.

Quando estiver bem dourado, regue com bouillon ou água. Tempere com sal e pimenta. Coloque as cenouras – cortadas em rodelas se forem grandes, de inverno, ou inteiras se forem novas, de primavera. Tampe e cozinhe no fogão por cerca de 1 hora.

Retire o coração e as cenouras e mantenha quente. Remova a gordura do líquido do cozimento e reduza bastante até uma pequena quantidade. Despeje sobre o coração fatiado, acompanhado das cenouras.

🍷 Pinot noir, Beaujolais

## FOIE DE VEAU À LA LYONNAISE

FÍGADO DE VITELO À MODA DE LYON

*O fígado de um bezerro que já pastou deve ter uma coloração clara.*

1 FÍGADO DE VITELO
SAL
PIMENTA
FARINHA
CEBOLAS
MANTEIGA
VINAGRE

Corte o fígado em fatias com 1,5cm de espessura. Tempere com sal e pimenta. Passe na farinha e frite na manteiga por cerca de 4 minutos.

Coloque no prato quente e cubra com cebolas bem picadas e refogadas na manteiga.

Deglace a frigideira com um pouco de vinagre e despeje sobre as fatias de fígado.

🍷 Beaujolais

## FOIE DE VEAU AU VIN BLANC

FÍGADO DE VITELO AO VINHO BRANCO

1 FÍGADO DE VITELO
SAL
PIMENTA
FARINHA
CHALOTAS
MANTEIGA
1 COPO DE VINHO BRANCO SECO
SALSA

Corte o fígado em fatias com 1,5cm de espessura. Tempere com sal, pimenta e passe na farinha.

Na panela de ferro fundido refogue algumas chalotas bem picadas no pedaço de manteiga. Assim que ficarem brancas, retire e reserve por perto.

Em seu lugar, coloque as fatias de fígado e deixe cozinhar aos poucos, virando.

Quando surgirem gotas de sangue na superfície do fígado, coloque as chalotas novamente, assim como um bom copo de vinho branco seco. Misture bem. Polvilhe salsa picada e sirva imediatamente.

O fígado pode ser servido com purê de batatas.

🍷 Beaujolais nouveau, Côtes-du-Rhône leve

## PIEDS DE VEAU GRILLÉS

PÉS DE VITELO GRELHADOS

*Pés de vitelo devem ser vendidos já branqueados. Você pode branqueá-los um pouco mais em água fervente por alguns minutos. Resfrie com água gelada e finalize, retirando os pelos restantes.*

1 PÉ DE VITELO POR PESSOA
MANTEIGA
CEBOLAS
CENOURAS
SAL
PIMENTA
MOSTARDA
FARELO DE PÃO
SAUCE DIABLE (AO LADO)

Doure na manteiga com cebolas e cenouras picadas por 30 minutos.

Tempere com sal e pimenta. Parta os pés em dois, retire o osso e cubra com uma camada fina de mostarda. Regue com manteiga derretida e passe no farelo de pão. Coloque na parte superior do forno para dourar um pouco. Sirva com o *sauce diable* à parte.

🍷 Beaujolais, Côtes-du-Rhône tinto

## FRICASSÉE DE L'ARDÈCHE

FRICASSÉE DE ARDÈCHE

BATATAS
1 OU 2 CEBOLAS
GORDURA DE PORCO
RINS DE PORCO
FÍGADO DE PORCO
PULMÃO DE PORCO
SAL
PIMENTA
TOMILHO
LOURO
CHOURIÇO

Corte as batatas em rodelas bem grossas. Pique as cebolas em cubos e salteie com as batatas na panela com gordura de porco. Cozinhe por cerca de 10 minutos em fogo baixo.

Quando as batatas estiverem meio cozidas, acrescente os rins, algumas fatias de fígado e pulmão picado. Tempere com sal, pimenta, tomilho e louro. Cozinhe lentamente por 30 minutos.

No fim, frite ou grelhe o chouriço e acrescente ao *fricassée*. Sirva imediatamente.

🍷 Côtes-du-Rhône tinto

## LANGUE DE VEAU À LA DIABLE

LÍNGUA DE VITELO À LA DIABLE

1 LÍNGUA DE VITELO
CEBOLAS PEQUENAS
2 OU 3 CENOURAS
SAL
PIMENTA
CALDO
MOSTARDA
OVO
ÓLEO
FARELO DE PÃO
SAUCE DIABLE (ABAIXO)

Deixe a língua em água fria por metade do dia ou de um dia para o outro, para limpar antes do preparo.

Branqueie-a em água fervente por alguns minutos. Retire a pele grossa e toda a gordura.

Braseie a língua na cocotte com algumas cebolas pequenas, 2 ou 3 cenouras, sal, pimenta e um pouco de caldo ou água. Tampe e deixe cozinhar por 30 minutos. Reduza o líquido do cozimento. A língua pode ser servida imediatamente dessa forma.

Para fazer à *la diable*, corte a língua ao meio no sentido do comprimento e besunte com mostarda. Passe na mistura *à l'anglaise* – ovo batido com água e óleo – e empane com farelo de pão. Doure levemente na parte superior do forno e sirva com *sauce diable*.

Costumamos servir língua com legumes da horta, purê de batatas ou macarrão fresco.

🍷 Beaujolais, Côtes-du-Rhône tinto

## SAUCE DIABLE

MOLHO DIABLE

1 ¼ XÍCARA DE VINHO BRANCO
3 OU 4 CHALOTAS
SAUCE TOMATE (P. 264)
SAL
PIMENTA-DO-REINO
PIMENTA CAIENA
FINES HERBES OU SALSA PICADA (OPCIONAL)

Na panela de fundo grosso, coloque vinho branco e chalotas bem picadas. Acrescente um pouco de *sauce tomate*. Tempere com sal, pimenta-do-reino e um pouco de pimenta caiena. Pode-se colocar *fines herbes* picadas ou salsa, dependendo da preferência.

# PIEDS DE VEAU SAUCE POULETTE

PÉS DE VITELO AO MOLHO POULETTE

1 PÉ DE VITELO POR PESSOA
COURT BOUILLON
CENOURAS
CEBOLAS
BOUQUET GARNI
SAL
PIMENTA
BEURRE MANIÉ (P. 254)
CREME DE LEITE FRESCO
2 GEMAS
SUCO DE LIMÃO-SICILIANO
SALSA

Branqueie e limpe os pés como se fosse fazer *pieds de veau grillés* (p. 204). Braseie-os por 35 minutos no court bouillon intenso com cenouras, cebolas, bouquet garni, sal e pimenta.

Depois de cozido, retire o osso e corte a carne em pedaços grandes.

Para fazer o *sauce poulette*, ligue o líquido do cozimento com o *beurre manié*. Acrescente algumas colheres de creme de leite e, fora do fogo, 2 gemas – batendo vigorosamente – e, por último, um pedaço de manteiga fresca. Acerte o tempero e acrescente, a seu gosto, um pouco de suco de limão.

Coloque os pedaços de carne no *sauce poulette* quente e salpique salsa picada.

Sirva com arroz ou batatas no vapor.

🍷 Beaujolais, Côtes-du-Rhône tinto

# ROGNONS D'AGNEAU EN BROCHETTES

ESPETINHOS DE RINS DE CORDEIRO

4 RINS DE CORDEIRO
BACON DE LOMBO
COGUMELOS
MANTEIGA
SAL
PIMENTA
BEURRE MAÎTRE D'HÔTEL (P. 253)

Abra cada rim ao meio e remova a película que os reveste. Coloque-os em espetinhos no sentido do comprimento, alternando com um pedaço de bacon e uma cúpula de cogumelo. Regue com manteiga derretida. Tempere com sal, pimenta e doure sob o gratinador bem quente, mas mantendo os rins levemente rosados.

Sirva com a *beurre maître d'hôtel* à parte.

Acompanhe com tomates à provençal e batatas fritas em palitos finos.

🍷 Beaujolais nouveau

# ROGNON DE VEAU À LA BERRICHONNE

RIM DE VITELO À MODA DE BERRY

*Os rins de animais mais novos são sempre mais macios que os de animais mais velhos.*

- 1 RIM DE VITELO
- MANTEIGA
- UM PEDAÇO DE PRESUNTO
- COGUMELOS
- 1 COPO DE VINHO TINTO
- SAUCE TOMATE (P. 264)
- SAL
- PIMENTA
- SALSA

Retire a gordura do rim, apare e corte em cubos – não muito pequenos ou endurecerão. Na frigideira refogue o presunto em cubos grandes na manteiga. Acrescente os cogumelos crus picados.

Retire o presunto e os cogumelos, e refogue os pedaços de rim na mesma manteiga por alguns minutos, tomando cuidado para continuarem um pouco rosados. Escorra e mantenha quente.

Deglace a frigideira com um copo cheio de vinho tinto. Acrescente um pouco de *sauce tomate*. Tempere com sal, pimenta e ferva por alguns instantes.

Retorne o rim, o presunto e os cogumelos ao molho. Misture bem sem deixar ferver.

Sirva imediatamente decorado com salsa picada.

Ofereça desse jeito, sem legumes.

🍷 Sancerre tinto

*(Verso) Um retrato de La Mère, da coleção de fotos "La Vie Lyonnaise, 1950-1960"*

## ROGNON DE VEAU À LA CRÈME

RIM DE VITELO AO CREME

*Compre rins firmes e brilhantes.*

1 RIM DE VITELO
MANTEIGA
1 COPO DE VINHO BRANCO SECO
SAL
PIMENTA
CREME DE LEITE FRESCO
1 GEMA

Limpe o rim removendo toda a gordura e apare nervos e fibras. Corte em fatias não muito finas. Salteie com manteiga quente na frigideira.

Despeje o excesso de manteiga e deglace com um copo cheio de vinho branco seco. Tempere com sal, pimenta e deixe reduzir. Bata algumas colheres de creme de leite, dependendo do tamanho do rim, com uma gema e leve à panela. Deixe aquecer bem por alguns instantes.

Coloque as fatias de rim no molho. Mexa, sem deixar ferver, e sirva bem quente.

🍷 Mâcon branco, Pouilly-Fumé

## ROGNON DE VEAU FLAMBÉ AU NOILLY-PRAT

RIM DE VITELO FLAMBADO NO VERMUTE

4 RINS PEQUENOS DE VITELO
FARINHA
MANTEIGA
SAL
PIMENTA
3 COPOS DE VERMUTE NOILLY-PRAT
MOSTARDA FORTE

Apare toda a gordura dos rins, pique em cubinhos e passe em um pouco de farinha. Coloque ½ xícara de manteiga na frigideira. Refogue os rins em fogo alto por 5 minutos. Tempere com sal e pimenta.

Deglace os rins com Noilly-Prat. Flambe. Deixe reduzir por 3 minutos. Incorpore 1 colher (sopa) de mostarda forte em pó, bem dissolvida em água.

Na hora de servir acrescente – fora do fogo – um pedacinho de manteiga. Mexa bem o molho.

Sirva com macarrão fresco.

🍷 Mâcon branco, Pouilly-Fumé

## ROGNON DE VEAU GRILLÉ

RIM DE VITELO GRELHADO

1 RIM DE VITELO
SAL
PIMENTA
MANTEIGA
BEURRE MAÎTRE D'HÔTEL (P. 253)

Apare o rim, deixando uma camada fina de gordura ao redor. Corte ao meio no sentido do comprimento. Coloque em 2 espetos em formato borboleta, de tal modo que as metades não se fechem durante o cozimento. Tempere com sal e pimenta. Grelhe no forno ou gratinador, regando-o frequentemente com manteiga derretida.

Sirva a *beurre maître d'hôtel* à parte.

🍷 Beaujolais, Côtes-du-Rhône tinto

## ROGNON DE VEAU AU MADÈRE

RIM DE VITELO AO VINHO MADEIRA

1 RIM DE VITELO
SAL
PIMENTA
FARINHA
MANTEIGA
VINHO MADEIRA
COGUMELOS (OPCIONAL)
SALSA

Apare a gordura e quaisquer fibras ou nervos do rim e corte em pedaços não muito finos. Tempere com sal, pimenta e passe em um pouco de farinha. Frite na manteiga em fogo alto, deixando a carne levemente rosada.

Retire e mantenha quente. Deglace a frigideira com vinho Madeira ou outro adocicado. Prove o tempero e coloque a carne no molho. Mexa bem para misturar sem deixar ferver.

Como opção, você pode acrescentar alguns cogumelos fatiados e refogados na manteiga.

Sirva imediatamente em pratos muito quentes e polvilhe salsa bem picada.

🍷 Rosé, tinto

# TÊTE DE VEAU FARCIE

CABEÇA DE VITELO RECHEADA

*Você pode encontrar cabeça desossada de vitelo na* triperie. *Certifique-se de estar fresca, pois todos os tipos de miúdos podem cheirar mal muito rapidamente.*

- 1 CABEÇA DE VITELO DESOSSADA
- 340G DE PESCOÇO SUÍNO
- 250G DE VITELO
- 1 OVO
- COGUMELOS
- SAL
- PIMENTA
- ESPECIARIAS (PIMENTA, CRAVO, NOZ-MOSCADA, CANELA)
- CEBOLAS
- CENOURAS
- BOUQUET GARNI
- ROUX BRANCO (P. 263)
- CONHAQUE
- PURÊ DE TOMATE
- PRESUNTO
- AZEITONAS PRETAS

Abra a cabeça em superfície plana e recheie com mistura picada de pescoço de porco, carne de vitelo, um ovo inteiro e cogumelos. Tempere bem a mistura com sal, pimenta e especiarias.

Enrole a cabeça e costure para firmar o recheio. Embrulhe em tecido culinário tipo musselina. Passe linha pelas pontas e no meio. Leve para cozinhar em água fria com sal e acrescente cebolas e cenouras picadas e um bouquet garni. Deixe cozinhar bem por 5 horas.

Prepare um roux branco. Acrescente um pouco do caldo do cozimento da cabeça em um pouco de conhaque. Coloque 1 colher de purê de tomate, um pouco de presunto fatiado, algumas azeitonas sem caroço e deixe cozinhar por alguns minutos.

Corte a cabeça em fatias grossas e despeje o molho.

Pode ser servido com batatas cozidas no vapor ou purê.

🍷 Qualquer vinho tinto

# TÊTE DE VEAU VINAIGRETTE

CABEÇA DE VITELO AO VINAGRETE

½ CABEÇA DE VITELO
1 COLHER DE FARINHA
SAL
PIMENTA
½ COPO DE VINAGRE
1 CEBOLA
2 CENOURAS
SAUCE VINAIGRETTE (P. 264)
1 OVO
SALSA

Coloque a cabeça em caçarola com água fria. Deixe ferver por 15 minutos e resfrie com água gelada.

Corte em pedaços grandes.

Na caçarola misture a farinha em água fria. Coloque os pedaços da cabeça com sal, pimenta, 1/2 copo de vinagre, cebola e cenouras picadas. Deixe cozinhar devagar, com uma toalhinha cobrindo, mas sem tampa, por cerca de 90 minutos. Não cozinhe demais e verifique com um garfo.

Sirva quente com *sauce vinaigrette*, um ovo cozido picado e salsa picada.

Pode ser servido com algumas batatas cozidas no vapor.

🍷 Rosé, tinto leve

# TABLIER DE SAPEUR

TABLIER DE SAPEUR (TRIPA EMPANADA)

450G DE TRIPA
SAL
PIMENTA
1 GEMA
ÓLEO
FARELO DE PÃO
MANTEIGA
SAUCE BÉARNAISE (P. 255)

Corte quadrados de tripa com 8cm de lado. Ferva os pedaços, resfrie em água fria e seque bem. Tempere com sal e pimenta, passe na mistura *à l'anglaise* – gema batida com água e óleo – e empane com farelo de pão.

Em panela grande, doure a tripa dos dois lados na manteiga. Você pode colocar a panela no forno por alguns instantes para ficar mais crocante.

Sirva em pratos quentes. Acompanhe com batatas cozidas no vapor e o *sauce béarnaise* bem temperado.

🍷 White Mâcon

## PIEDS-PAQUETS MARSEILLAIS

TRIPAS E PÉS À MARSELHESA

BACON MAGRO
SALSA
2 DENTES DE ALHO
TRIPA DE CARNEIRO
ÓLEO
1 CENOURA
1 CEBOLA
1 ALHO-PORÓ
PÉ DE CARNEIRO
VINHO BRANCO SECO
TOMATES
SAL
PIMENTA

Prepare um recheio com bacon, salsinha e um dente de alho.

Corte a tripa em quadrados, forme pacotinhos recheados com a mistura e feche com um palito.

Refogue cebola, cenoura e alho-poró picados no caldeirão de barro com óleo. Acrescente um dente de alho.

Branqueie o pé, coloque no fundo do caldeirão e distribua os pacotinhos de tripa por cima. Adicione o vinho branco e alguns tomates cortados em 4. Tempere com sal, pimenta e sele hermeticamente. Asse em forno por, no mínimo, 90 minutos.

Antes de servir, retire a gordura do líquido do cozimento. Arrume o pé e os pacotes de tripa no prato e coe o molho por cima.

🍷 Rosé de Provence

## GRAS-DOUBLE À LA LYONNAISE

TRIPA À MODA DE LYON

450G DE TRIPA COZIDA
3 CEBOLAS GRANDES
SALSA

Ferva a tripa cozida – disponível no açougue –, resfrie com água gelada e seque bem com pano. Corte-a em bastões pequenos.

Pique as cebolas em tamanho similar e refogue tudo em panela grande. Tampe e deixe cozinhar por cerca de 15 minutos.

Polvilhe salsa picada. Sirva imediatamente em pratos quentes.

🍷 Mâcon branco

# TRIPES À LA MODE DE CAEN

## TRIPAS À MODA DE CAEN

*Antigamente, o cozimento de tripas era deixado a cargo de um* boulanger *local. Esse tempo já se foi. Esta receita é servida em apenas alguns restaurantes, nos quais é uma especialidade.*

- 4KG DE TRIPA
- 2 CEBOLAS ESPETADAS COM 4 CRAVOS CADA UMA
- 8 CENOURAS
- BOUQUET GARNI
- 6 ALHOS-PORÓS
- 2 PÉS DE VITELO
- 4 PEDAÇOS DE BARRIGA SUÍNA
- 2 ½ COLHERES (SOPA) DE SAL
- 2 COLHERES (CHÁ) DE PIMENTA
- PURÊ DE TOMATE
- SIDRA
- 1 COPO DE CALVADOS
- FARINHA

Compre a tripa crua. Deixe de molho em água fria e limpa por metade de um dia ou de um dia para o outro antes de preparar.

Branqueie a tripa com bastante água com sal por 15 minutos. Lave-a novamente em água limpa e escorra. Divida-a em pedaços de aproximadamente 5cm.

Use, de preferência, uma *tripière* de cerâmica com tampa pequena, e que possa ser selada hermeticamente, ou uma panela grande com tampa. Coloque todos os legumes e condimentos no fundo, depois coloque a tripa e, no meio, os pés e a barriga de porco.

Tempere com sal, pimenta e junte o purê de tomate. Cubra a tripa com a mistura: metade sidra, metade água. Despeje o Calvados, acrescente a massa de farinha com água e feche a panela ou *tripière*. Inicie o cozimento sobre o fogo e asse em forno brando por 10 horas.

Esse prato precisa ser servido muito quente, em tigelas aquecidas.

🍷 Sancerre branco, Pouilly-Fumé

# LES DESSERTS
# SOBREMESAS

## BISCUIT AUX AMANDES

BISCOITO DE AMÊNDOAS

*Estes biscoitos podem ser feitos em tiras e decorados com chocolate. Biscoitos de amêndoas podem ser utilizados como substituto para* pâte à génoise *(ao lado) e* pâte à biscuits de Savoie *(abaixo).*

- 2 ⅓ XÍCARAS DE AÇÚCAR DE CONFEITEIRO
- 3 ½ XÍCARAS DE AMÊNDOAS MOÍDAS
- 12 OVOS, GEMAS E CLARAS SEPARADAS
- ¼ DE XÍCARA DE FARINHA DE TRIGO
- ¼ DE XÍCARA DE MANTEIGA
- ÓLEO

Misture o açúcar de confeiteiro com as amêndoas moídas e acrescente as gemas. Inclua a farinha e manteiga derretida. Bata as claras em neve e incorpore com cuidado.

Esse biscoito deve ser assado em tabuleiro com borda baixa. Cubra com papel-alumínio e unte bem com óleo. Espalhe a massa de biscoito deixando uma espessura máxima de 2cm. Asse em forno médio – alguns minutos devem ser o bastante.

## PÂTE À BISCUITS DE SAVOIE

MASSA PARA BISCOITOS DE SAVOY

*Estes biscoitos podem ser consumidos sozinhos ou com geleia, creme batido ou manteiga.*

- 7 OVOS, GEMAS E CLARAS SEPARADAS
- 1 ⅓ XÍCARA DE AÇÚCAR REFINADO
- 1 XÍCARA DE FARINHA DE TRIGO
- 1 PITADA DE SAL
- ⅔ DE XÍCARA DE AMIDO DE MILHO
- BAUNILHA (OPCIONAL)
- AMÊNDOAS (OPCIONAL)
- MANTEIGA

Bata as gemas com o açúcar até obter uma mistura esbranquiçada e encorpada.

Peneire e incorpore a farinha e o sal, depois o amido de milho e por último a baunilha.

Bata as claras em neve com picos bem firmes e incorpore-as na massa com a colher de pau. Use imediatamente.

Unte com manteiga uma fôrma quadrada. Você pode espalhar amêndoas trituradas por toda a travessa.

Encha a fôrma até a metade com a massa. Asse em forno moderado por 25 minutos. Retire e deixe esfriar sobre uma grade.

# PÂTE À BISCUITS À LA CUILLER

MASSA PARA PALITOS FRANCESES

*Pequenas variações em torno desta receita recebem nomes como* ladyfingers *ou biscoitos champanhe. A massa também pode ser usada para fazer a base de um* omelette norvégienne *(p. 238).*

- 5 OVOS, GEMAS E CLARAS SEPARADAS
- ⅔ DE XÍCARA DE AÇÚCAR REFINADO
- 1 ¼ XÍCARA DE FARINHA DE TRIGO
- ¼ DE XÍCARA DE AMIDO DE MILHO
- MANTEIGA

Bata as gemas com 1/2 xícara de açúcar até ficar cremoso. Acrescente a farinha e o amido de milho e depois incorpore as claras batidas em neve com picos bem firmes.

Use um saco de confeitar para formar tiras do tamanho de um dedão sobre uma assadeira untada e enfarinhada. Polvilhe com uma camada de açúcar refinado. Sacuda para remover o excesso de açúcar e asse em forno bem baixo por cerca de 5 minutos.

Guarde em latas.

# PÂTE À GÉNOISE

MASSA DE GÉNOISE

Génoises *podem ser guardadas por alguns dias antes de serem usadas. Podem ser cobertas com creme, manteiga,* crème pâtissière *(p. 233) ou geleia.*

- ⅔ DE XÍCARA DE AÇÚCAR REFINADO
- 1 PITADA DE SAL
- 4 OVOS
- 1 XÍCARA DE FARINHA DE TRIGO
- ⅓ DE XÍCARA DE AMIDO DE MILHO
- ½ COLHER (CHÁ) DE FERMENTO BIOLÓGICO
- MANTEIGA (OPCIONAL)

Bata lentamente o açúcar com o sal e os ovos em fogo baixo para obter a massa cremosa e consistente.

Retire do fogo e continue batendo até esfriar. Acrescente a farinha, o amido de milho e o fermento, com cuidado, mexendo bem para não formar grumos.

Unte e enfarinhe uma fôrma, despeje a mistura e asse em forno quente por 20 minutos.

Você pode acrescentar 1/4 de xícara de manteiga derretida a essa massa se quiser, mas não é essencial.

# SOUFFLÉ CHAUD

SUFLÊ QUENTE

*O truque está em bater as claras no fim e servir o suflê imediatamente após retirar do forno. Os convidados podem esperar; um suflê, não.*

- 2 XÍCARAS DE LEITE
- SAL
- ¼ DE XÍCARA DE AÇÚCAR REFINADO (MAIS UM POUCO PARA A FÔRMA)
- ¼ DE XÍCARA DE MANTEIGA (MAIS UM POUCO PARA A FÔRMA)
- ½ XÍCARA DE FARINHA DE TRIGO
- 5 OVOS, GEMAS E CLARAS SEPARADAS
- AROMATIZANTES (A GOSTO)

Ferva o leite com uma pitada de sal e um pouco de açúcar.

Na panela com fundo grosso derreta a manteiga, acrescente a farinha e cozinhe um pouco sem deixar ganhar cor. Junte o leite fervente e continue mexendo com a colher de pau.

Retire do fogo assim que começar a ferver, mas não pare de mexer. Fora do fogo, acrescente as gemas, uma a uma, e continue mexendo. Se quiser, neste momento, adicione os aromatizantes.

Bata as claras em neve bem firme. Incorpore à mistura do suflê pouco antes de levar ao forno.

Unte com manteiga uma fôrma de suflê e polvilhe com açúcar. Preencha a fôrma até a metade com a mistura e asse em forno médio – se deixar quente demais o suflê queimará e ficará ruim. Deixe assar por 35 minutos.

SOUFFLÉ AU CHOCOLAT: Acrescente 1 xícara de chocolate derretido ao leite antes de incorporar os ovos.

SOUFFLÉ À LA LIQUEUR: Aromatize a mistura com um copinho de bebida alcóolica (Grand Marnier, kirsch, chartreuse verde, o que preferir) antes de incorporar as claras.

## SOUFFLÉ AUX FRAISES DES BOIS OU AUX FRAMBOISES

SUFLÊ DE MORANGOS SILVESTRES OU FRAMBOESAS

MORANGOS SILVESTRES OU FRAMBOESAS
KIRSCH
SOUFFLÉ CHAUD (AO LADO)
AGUARDENTE DE MORANGO OU FRAMBOESA

Deixe as frutas de molho por 1 a 2 horas no kirsch.

Na fôrma de suflê, faça uma camada de frutas, uma camada da mistura para suflê, e depois mais frutas...

Aromatize a mistura do suflê com a aguardente.

## BANANES SOUFFLÉES

BANANA SUFLÊ

BANANA
SOUFFLÉ CHAUD (AO LADO)
RUM
MANTEIGA
AÇÚCAR REFINADO

Corte as bananas no sentido do comprimento, lado convexo para cima, e retire a polpa. Coloque na batedeira com a mistura de suflê e uma borrifada de rum. Acrescente as claras e preencha as cascas das bananas com a mistura.

Coloque na travessa de gratinar untada com manteiga. Asse por cerca de 8 minutos em forno quente, mas não muito quente. Retire do forno, polvilhe açúcar, regue com rum e flambe na mesa.

# SOUFFLÉ GLACÉ AU GRAND MARNIER

## SUFLÊ GELADO COM GRAND MARNIER

1 XÍCARA DE AÇÚCAR REFINADO
8 GEMAS
1 COPO DE GRAND MARNIER
1 XÍCARA DE CREME DE LEITE FRESCO
CHOCOLATE EM PÓ

Prepare uma calda com 1 xícara de água e o açúcar. Ferva e deixe esfriar.

Incorpore essa calda às 8 gemas no fogo e continue batendo até um pouco antes de ferver. Continue batendo até esfriar. Despeje um copo de Grand Marnier.

Bata um *crème Chantilly* e incorpore às gemas com cuidado.

Forre o interior de uma fôrma de suflê com papel-alumínio para aumentar as bordas. Despeje a mistura do suflê e deixe na geladeira de um dia para o outro.

Quando o suflê estiver firme, rasgue o papel-alumínio. O suflê deve subir até 2,5cm acima da borda da fôrma.

Polvilhe um pouco de chocolate em pó. Decore com mais *crème Chantilly*.

## BAVAROIS

CREME BÁVARO

O bavarois *pode ser aromatizado com bebida ou com um purê de fruta, como um sorvete.Fôrmas de cobre belíssimas para* bavarois *eram comuns, mas são difíceis de encontrar agora.*

- 8 OVOS
- 1 XÍCARA DE AÇÚCAR REFINADO
- 2 XÍCARAS DE LEITE
- 7 FOLHAS DE GELATINA
- BEBIDA ALCOÓLICA/ PURÊ DE FRUTA
- 2 XÍCARAS DE CREME DE LEITE FRESCO

Bata as gemas com o açúcar até formar uma pasta cremosa. Despeje o leite fervente por cima e cozinhe por alguns minutos sem deixar ferver novamente.

Deixe esfriar, mexendo sempre. Antes de a mistura ficar completamente fria, deixe as folhas de gelatina de molho em água fria e acrescente com a bebida ou o purê de fruta.

Bata um *crème Chantilly* bem firme. Incorpore-o com cautela.

Despeje na fôrma e coloque na geladeira por algumas horas.

Sirva com *crème Chantilly*.

## PÂTE À QUATRE-QUARTS

MASSA PARA BOLO QUATRE-QUARTS

*Este bolo pode ser guardado na lata por alguns dias. Você também pode decorar com creme, manteiga ou geleia.*

- 4 OVOS
- 1 XÍCARA DE AÇÚCAR REFINADO
- 2 XÍCARAS DE FARINHA DE TRIGO
- 1 COLHER (CHÁ) DE SAL
- 1 COLHER (CHÁ) DE FERMENTO BIOLÓGICO
- 1 COPO DE LEITE
- 1 XÍCARA DE MANTEIGA

Bata os ovos com o açúcar por 10 minutos.

Junte a farinha, o sal, o fermento e o leite. Trabalhe a mistura por alguns minutos, depois incorpore a manteiga amolecida. Despeje na fôrma e asse em forno quente por 25 minutos.

# CHARLOTTE

CHARLOTTE

*Cuidado! Não use kirsch se for servir o bolo a crianças.*

- 1 FAVA DE BAUNILHA
- 1 XÍCARA DE LEITE
- 1 XÍCARA DE MORANGOS SILVESTRES
- ⅓ DE XÍCARA DE FRAMBOESAS
- RUM OU KIRSCH
- AÇÚCAR REFINADO
- 4 GEMAS
- 4 FOLHAS DE GELATINA
- 1 XÍCARA DE CREME DE LEITE FRESCO
- 250G DE PÂTE À BISCUITS À LA CUILLER (P. 219)

Corte a fava de baunilha ao meio, no sentido do comprimento, e faça uma infusão no leite fervente.

Deixe os morangos e framboesas de molho no kirsch.

Bata as gemas com o açúcar até ficar cremoso, depois despeje no leite quente – sem a fava de baunilha – batendo vigorosamente o tempo todo. Deixe esfriar. Dissolva a gelatina em água fria e acrescente à mistura.

Bata o creme até fazer um *crème Chantilly* com açúcar e incorpore na mistura de gemas. Acrescente o kirsch restante do molho das frutas. Junte as frutas.

Forre a base de uma fôrma de charlotte com uma folha de papel-alumínio, para facilitar na hora de desenformar.

Cubra a base e as laterais com biscoitos quebrados e molhados com kirsch.

Encha a fôrma com a mistura de ovos e leite. Cubra com um prato e deixe de um dia para o outro na geladeira.

Passe para um prato e decore com mais *crème Chantilly*.

# CLAFOUTIS

CLAFOUTIS

*Há muitas variações do clafoutis – pera, ameixa, maçã, ameixa seca.*

- 2 ½ XÍCARAS DE FARINHA DE TRIGO
- 1 ½ COLHER (CHÁ) DE FERMENTO BIOLÓGICO
- 3 GEMAS
- 1 ⅔ XÍCARA DE AÇÚCAR GRANULADO
- 1 PITADA DE SAL
- RUM OU KIRSCH
- MANTEIGA
- CEREJA

Peneire a farinha e o fermento.

Bata as gemas com o açúcar até formar uma pasta clara e cremosa. Com cuidado, incorpore a farinha e o fermento, o sal e seu sabor preferido – kirsch ou aguardente, por exemplo.

Unte com manteiga e açúcar uma folha de papel-alumínio, polvilhe-a com farinha e use para forrar uma fôrma de flã. Distribua algumas cerejas bem maduras, sem caroço nem talos. Despeje a mistura de ovos com farinha e asse em forno médio por 45 minutos.

# PÂTE À MADELEINES

MADALENAS

*Você pode aromatizar as madalenas com raspas de limão ou um pouco de rum.*

- 17 OVOS INTEIROS
- 2 ½ XÍCARAS DE AÇÚCAR REFINADO
- 1 COLHER (SOPA) DE BICARBONATO DE SÓDIO
- 5 XÍCARAS DE FARINHA DE TRIGO
- ½ XÍCARA DE MANTEIGA DERRETIDA
- RASPAS DE LIMÃO-SICILIANO (OPCIONAL)
- RUM (OPCIONAL)
- MANTEIGA E FARINHA PARA A FÔRMA

Bata os ovos com o açúcar, acrescente o bicarbonato de sódio e a farinha. Trabalhe a mistura por alguns minutos, depois incorpore a manteiga derretida. Deixe a massa descansar por 1 hora antes de usar.

Unte levemente com manteiga e farinha uma fôrma para madalenas e preencha com a massa. Asse em forno quente por cerca de 10 minutos, dependendo do tamanho.

*(Verso) Fachada do Mère Brazier na rue Royale, em Lyon*

RESTAURANT
2753 AY69
4383 BU69

## CONFITURE DE CERISES OU DE FRAISES

GELEIA DE CEREJA OU MORANGO

*La Mère usava a escala Baumé (B), desenvolvida pelo farmacêutico francês Antoine Baumé, em 1768, para medir a densidade de vários líquidos como mais pesados ou mais leves que a água, sendo a água destilada o marco 0.*

CEREJAS OU MORANGOS
AÇÚCAR PARA CONSERVA

Pese as frutas. Pegue metade dessa quantidade de açúcar e derreta em um pouco de água. Reduza até obter um xarope de 37°B (900g) de açúcar para 1 litro de água, fervido e reservado até esfriar.

Coloque as frutas na calda e deixe cozinhar por 10 minutos sem ferver.

Escorra as frutas. Coloque a calda de volta ao fogo e reduza novamente para a densidade voltar a 37°B.

Coloque as frutas de volta e cozinhe por mais 10 minutos para a densidade voltar a 37°B e cozinhe novamente, por 20 minutos, sem deixar ferver. Deixe esfriar antes de armazenar em vidros.

## CONFITURE D'ORANGES

GELEIA DE LARANJA

LARANJAS
AÇÚCAR PARA CONSERVA

Escolha laranjas de tamanho médio, casca fina e não processadas. Perfure toda a superfície delas com um garfo e deixe de molho em água fresca por 3 dias, trocando a água 2 vezes por dia.

Ferva em água o suficiente para conseguir furar as laranjas com um canudo.

Deixe esfriar por algumas horas e corte em rodelas.

Pese e acrescente a mesma quantidade de açúcar. Cozinhe por 1 hora, tirando a espuma com uma escumadeira com frequência.

## CONFITURE DE COINGS

GELEIA DE MARMELO

*O marmelo, mesmo quando muito perfumado, nunca é consumido cru. Com ele você pode fazer compotas, geleias, pastas etc.*

MARMELOS
AÇÚCAR PARA CONSERVA

GELEIA (TRANSPARENTE): Descasque marmelos bem maduros. Tire as sementes e embrulhe em tecido culinário. Corte os marmelos e coloque-os na água com um pouco de limão para não amarelarem. Insira-os na panela, com água e as sementes no tecido. O fruto estará cozido quando for facilmente esmagável com os dedos. Coe o suco e volte ao fogo com a mesma quantidade de açúcar. Junte algumas espremidas de limão e laranja. A geleia está pronta quando se formar uma película facilmente no prato frio.

GELEIA (DENSA): Prepare como descrito acima. Quando cozidos, passe os marmelos, ainda quentes, por um tecido. Acrescente metade do peso do líquido de açúcar e deixe ferver, mexendo o tempo todo com uma espátula, por pelo menos 45 minutos.

PASTA: Acrescente açúcar na mesma quantidade de marmelo coado e cozinhe de 90 minutos a 2 horas, mexendo com frequência. Espalhe sobre papel-alumínio em camada de 2cm de espessura e deixe secar em local morno por 2 semanas. Corte em retângulos grandes e armazene em latas.

## CONFITURE DE PRUNES OU D'ABRICOTS

GELEIA DE AMEIXA OU DAMASCO

AMEIXAS OU DAMASCOS
AÇÚCAR PARA CONSERVA

Separe as frutas. Retire os caroços. Deixe de molho 3/4 do peso das frutas em açúcar por 24 horas. Cozinhe por 1 hora, mexendo cuidadosamente com a colher de pau.

# OMELETTE FLAMBÉE À LA CONFITURE

OMELETE FLAMBADO

*Você pode substituir a geleia por morangos silvestres, framboesas embebidas em kirsch ou aguardente de framboesa.*

- 5 OVOS
- ½ XÍCARA DE AÇÚCAR REFINADO
- RUM OU KIRSCH
- ¼ DE XÍCARA DE MANTEIGA
- 5 COLHERES DE CONFITURE D'ABRICOT (P. 229)
- AÇÚCAR DE CONFEITEIRO

Aqueça um prato refratário oval no forno.

Quebre os ovos e bata-os, acrescente o açúcar e o rum ou kirsch. Prepare o omelete na frigideira (p. 46).

Quando estiver cozido, passe para o prato. Recheie o centro com geleia de damasco ou outro recheio, dobre o omelete por cima e com as pontas para baixo.

Polvilhe com açúcar de confeiteiro. Aqueça um espeto no fogo até ficar incandescente e desenhe um padrão por cima do omelete. Regue com um copo de kirsch ou rum, dependendo do recheio, e flambe na frente dos convidados.

# PÊCHES OU ABRICOTS AU SIROP

PÊSSEGOS OU DAMASCOS EM CALDA

- PÊSSEGOS OU DAMASCOS
- AÇÚCAR REFINADO

Escolha frutas que não estejam maduras demais. Os pêssegos devem ter a polpa amarela. Coloque-os em água fervente por alguns segundos e remova a pele. Corte-os ao meio e tire os caroços. Empilhe-os em potes.

Complete com uma calda feita de 4 xícaras de açúcar com 4 xícaras de água, fervida e depois resfriada. Coloque os potes fechados em um caldeirão cheio de água morna. Ferva por 15 minutos e deixe esfriar dentro do caldeirão.

Frutas em conserva feitas dessa maneira podem ser consumidas como compota ou para acompanhar tortas.

## CRÈME ANGLAISE

CREME INGLÊS

- 1 FAVA DE BAUNILHA
- 1 L DE LEITE
- 8 GEMAS
- 1 XÍCARA DE AÇÚCAR REFINADO

Quebre a fava de baunilha ao meio e coloque no leite. Ferva e deixe-a em infusão.

Bata as gemas com o açúcar até formar uma pasta clara e cremosa.

Retire a fava de baunilha do leite e despeje a mistura de gemas com açúcar, batendo vigorosamente.

Continue batendo por alguns minutos com o fogo aceso sem deixar ferver. Coe dentro de uma tigela de aço inox. Bata mais um pouco enquanto esfria.

## ÎLE FLOTTANTE

ILHA FLUTUANTE

- 8 CLARAS
- 1 ½ XÍCARA DE AÇÚCAR DE CONFEITEIRO
- ⅔ DE XÍCARA DE CARAMELO DE AMÊNDOAS (VER RECEITA)
- ½ XÍCARA DE CRÈME ANGLAISE (ACIMA)

Bata as claras em neve bem firme. Adoce com o açúcar de confeiteiro e acrescente as amêndoas trituradas.

Forre com caramelo uma travessa refratária. Despeje a mistura e asse em banho-maria, em forno médio, por cerca de 30 minutos.

Desenforme ainda quente no prato com uma camada de *crème anglaise*. Sirva bem fresco.

CARAMELO: La Mère usava caramelo como acompanhamento e para dar sabor às fôrmas antes de assar. Aqueça uma panela de alumínio e acrescente açúcar. Deixe derreter por cerca de 5 minutos, até as bordas ficarem líquidas. Sacuda algumas vezes, devagar. Então, use a colher de pau para mexer conforme os cristais se dissolvem, por cerca de 10 minutos. Retire do fogo e acrescente 1 a 2 colheres de água, o que fará com que fervilhe bastante, e mexa para desfazer grumos.

# OEUFS À LA NEIGE

OVOS NEVADOS

5 CLARAS
⅓ DE XÍCARA DE AÇÚCAR DE CONFEITEIRO
1 L DE LEITE
CRÈME ANGLAISE (P. 231)

Bata as claras em neve bem firme e, no fim, adoce com açúcar de confeiteiro.

Aqueça o leite em panela grande o bastante. Assim que a superfície começar a borbulhar, cozinhe as claras, 1 colherada por vez. Deixe-as cozinharem por 2 a 3 minutos, virando no meio do processo. Retire-as com cuidado e deixe escorrer sobre uma toalha.

Use o leite para fazer um *crème anglaise* com bastante baunilha.

Faça um pouco de caramelo (p. 231) e despeje sobre cada ovo.

Deixe o *crème anglaise* esfriar. Sirva gelado, com os ovos por cima.

# CRÈME RENVERSÉE OU FLAN

PUDIM DE LEITE OU FLÃ

1 ⅓ XÍCARA DE AÇÚCAR REFINADO
5 OVOS
5 GEMAS
1 L DE LEITE

Bata os ovos com as gemas e o açúcar até obter uma mistura cremosa e clara.

Deixe o leite ferver e despeje na mistura, mexendo sem parar.

Despeje a mistura em travessa refratária, asse em banho-maria em forno médio por 1 hora.

CARAMELO: Cubra com caramelo (p. 231) o fundo da travessa e as laterais , certificando-se de estas estarem bem cobertas. Despeje a mistura de ovos com açúcar e asse na travessa como descrito acima.

CAFÉ: Acrescente ao leite algumas colheradas de café.

CHOCOLATE: Derreta chocolate no leite.

## CRÈME PÂTISSIÈRE

CREME DE CONFEITEIRO

- 4 GEMAS
- 1 XÍCARA DE AÇÚCAR REFINADO
- 1 XÍCARA DE FARINHA DE TRIGO
- 1 L DE LEITE

Bata as gemas com o açúcar. Acrescente a farinha.

Ferva o leite e despeje na mistura de ovos e açúcar. Volte ao fogo e continue batendo com um batedor de arame até ferver. Coloque na tigela e continue mexendo até esfriar. Não armazene em recipientes de alumínio.

## PÂTE À BABA (SAVARIN)

BABA AO RUM

*Com esta receita você pode preparar babas pequenos. Você também pode acrescentar algumas groselhas negras (cassis) secas na mistura, embebidas em rum.*

- 1 ¼ XÍCARA DE FARINHA DE TRIGO
- ½ COLHER (CHÁ) DE SAL
- 1 ½ COLHER (CHÁ) DE AÇÚCAR
- 2 OVOS
- 1 COLHER (CHÁ) DE FERMENTO BIOLÓGICO
- QUASE ½ XÍCARA DE LEITE
- ¼ DE XÍCARA DE MANTEIGA
- RUM OU KIRSCH
- CRÈME PÂTISSIÈRE (ACIMA)
- FRUTA EM CONSERVA
- CRÈME CHANTILLY
- GROSELHA NEGRA SECA (OPCIONAL)

Peneire a farinha na tigela, acrescente o sal, o açúcar, os ovos e o fermento dissolvido em leite morno. Bata bem e acrescente a manteiga derretida. Continue trabalhando por alguns minutos. A massa deve ficar bem molhada. Acrescente mais leite se necessário.

Unte uma fôrma e despeje a mistura dentro. Deixe crescer em ambiente morno, sem cobrir. Asse no forno em temperatura média por 20 minutos.

Ao retirar do forno, regue com calda a 20°B – 4 xícaras de açúcar diluídas em 4 xícaras de água, deixando ferver e esfriar – e kirsch ou rum. Certifique-se de o bolo estar bem molhado.

Recheie o centro com *crème pâtissière* aromatizado com um pouco de kirsch e algumas frutas em conserva picadas. Decore com *crème Chantilly*.

Sirva frio.

## PÂTE À CRÊPES, PÂTE À GAUFRES

MASSA DE CREPE E WAFFLE

- 2 XÍCARAS DE FARINHA DE TRIGO
- 2 COLHERES (SOPA) DE AÇÚCAR
- 4 OVOS
- 1 PITADA DE SAL
- 2 XÍCARAS DE LEITE FRIO
- ¼ DE XÍCARA DE MANTEIGA

Em tigela grande, bata a farinha com o açúcar, os ovos e o sal. Quando a mistura estiver firme, acrescente leite. A massa precisa ser um tanto líquida, mas engrossará após descansar por 2 horas.

Na hora de usá-la, doure a manteiga em frigideira até ficar com cor de castanhas. Incorpore bem à mistura.

## GALETTE DES ROIS À LA PAYSANNE

BOLO DE REIS

*Na França, é tradição comer este bolo no 12º dia após o Natal. Não se esqueça de esconder um rei e uma rainha dentro!*

- ½ XÍCARA DE AÇÚCAR DE CONFEITEIRO
- ¾ DE XÍCARA DE AMÊNDOAS MOÍDAS
- 2 OVOS
- ¼ DE XÍCARA DE MANTEIGA
- ¼ DE XÍCARA DE FARINHA DE TRIGO
- CRÈME PÂTISSIÈRE (P. 233)
- PÂTE FEUILLETÉE (P. 58)
- 1 GEMA

Misture o açúcar de confeiteiro com as amêndoas moídas e acrescente os 2 ovos. Junte a manteiga derretida e a farinha. Adicione *crème pâtissière* na mesma quantidade da mistura, formando um frangipane.

Abra uma folha de *pâte feuilletée* em círculo com cerca de 5mm de espessura. Cubra com o frangipane, deixando uma borda de 2cm. Molhe a borda com um pouco de água e cubra com outra folha de *pâte feuilletée* do mesmo tamanho. Sele bem as bordas com as costas de uma faca e pincele com uma gema. Decore com cortes rasos feitos com a ponta de uma faca. Asse em forno quente por 30 a 40 minutos.

Sirva ainda um pouco quente.

# CRÊPES ODETTE

CREPES ODETTE

*Maçãs-reinetas mantêm seu frescor por bastante tempo.*

MAÇÃS-REINETAS
MANTEIGA
PÂTE À CRÊPES (AO LADO)
AÇÚCAR GRANULADO
AGUARDENTE DE FRAMBOESA

Descasque, retire o miolo e fatie as maçãs em rodelas bem finas (2 a 3mm). Doure-as levemente na manteiga sem deixar quebrar.

Em frigideira grande, besuntada com manteiga, despeje uma camada fina de massa para crepe, uma camada de maçãs e outra de massa. Cozinhe dos dois lados, virando com cuidado.

Passe para um prato grande. Polvilhe um pouco de açúcar, respingue aguardente e flambe.

Sirva bem quente.

# CRÊPES SUZETTE

CREPES SUZETTE

*Esta receita costuma ser preparada na frente dos convidados.*

PÂTE À CRÊPES (AO LADO)
1 LARANJA
6 A 7 CUBOS DE AÇÚCAR
1 COPO DE CONHAQUE
1 COPO DE GRAND MARNIER
MANTEIGA
AÇÚCAR REFINADO

Prepare 3 crepes bem finos por pessoa. Esfregue cubos de açúcar na casca da laranja para extrair os óleos.

Aqueça a travessa de metal longa, despeje o conhaque e o Grand Marnier, e coloque um pedacinho de manteiga.

Aqueça bem e coloque os cubos de açúcar para derreter na mistura. Cuidado para não deixar queimar, pois pode pegar fogo facilmente em contato com o calor.

Quando tudo tiver dissolvido, coloque os crepes de molho na mistura e deixe absorverem os sucos enquanto os vira com um garfo. Dobre os crepes em 4 sobre a travessa. Polvilhe açúcar refinado e flambe com um pouco mais de Grand Marnier.

## CRÊPES SOUFFLÉES

CREPES SUFLÊ

PÂTE À CRÊPES (P. 234)
CRÈME PÂTISSIÈRE (P. 233)
CLARAS
MANTEIGA
KIRSCH

Cozinhe os crepes e recheie com *crème pâtissière* misturado com claras batidas em neve firme.

Enrole-os, disponha na travessa untada, cortados ao meio, e coloque em forno quente por 15 minutos.

Regue com kirsch e flambe.

## RIZ À L'IMPÉRATRICE EUGÉNIE

ARROZ DOCE DA IMPERATRIZ EUGÊNIA

FRUTA EM CONSERVA
UVAS-PASSAS BRANCAS
BEBIDA ALCOÓLICA (DE SUA PREFERÊNCIA)
1 PUNHADO DE ARROZ POR PESSOA
LEITE
AÇÚCAR
BAUNILHA
CRÈME ANGLAISE (P. 231)
GELATINA
CRÈME CHANTILLY

Na noite anterior, deixe as frutas em conserva, cortadas em cubos grandes, e as passas de molho na bebida – rum, conhaque, licor marasquino (de cereja), como preferir.

Cozinhe o arroz em água por 5 a 6 minutos. Escorra. Finalize o cozimento no leite com açúcar e baunilha, por cerca de 20 minutos, até o arroz ficar bem cozido. Enxágue com água limpa e deixe esfriar.

Prepare um *crème anglaise* e dissolva nele algumas folhas de gelatina.

Misture as frutas embebidas com o arroz e junte o *crème anglaise* e um pouco de *crème Chantilly*. Coloque a mistura na fôrma redonda e deixe na geladeira por 24 horas.

Desenforme e decore com *crème Chantilly*.

# Menu Clássico de La Mère Nº 6

*Fonds d'Artichauts Périgourdine*

Alcachofras à moda do Perigord (p. 56)

◆

*Quenelles au Gratin*

Quenelles gratinadas

◆

*Volaille Demi-Deuil*

Frango em meio-luto (p. 142)

◆

*Fromages*

Queijos

◆

*Glace Vanille ou Chocolat Chaud*

Sorvete de baunilha (p. 238)

ou chocolate quente

MÈRE BRAZIER

# GLACES

SORVETE

*Cuidado ao preparar sorvetes: podem azedar facilmente, causando problemas sérios. Consuma apenas sorvete fresco, pois congelar de um dia para o outro não ajuda. Se for o caso, derreta, coloque novamente na* sorbetière *(sorveteira) e comece novamente.*

8 GEMAS
1 ½ XÍCARA DE AÇÚCAR REFINADO
1 L DE LEITE
AROMATIZANTES
1 XÍCARA DE CREME DE LEITE FRESCO

Bata as gemas com o açúcar até ficar esbranquiçado.

Acrescente o leite fervente na mistura, mexendo sem parar. Cozinhe por alguns minutos e continue batendo enquanto esfria.

Acrescente um ingrediente para dar sabor: bebida alcoólica, caramelo, café, baunilha, amêndoas etc.

Prepare o sorvete na *sorbetière* e acrescente creme de leite no fim.

# OMELETTE NORVÉGIENNE

OMELETE NORUEGUÊS

PÂTE À BISCUITS À LA CUILLER (P. 219)
SORVETE (ACIMA)
CLARAS
AÇÚCAR DE CONFEITEIRO
RUM OU KIRSCH

Distribua alguns *biscuits à la cuiller* triturados na travessa de prata ou aço inox. Sobre essa base, coloque algumas colheres de sorvete – de baunilha, café, castanhas ou outro sabor – até 5cm de altura. Cubra com outra camada de biscoitos triturados.

Bata as claras em neve, o suficiente para cobrir o omelete todo. Adoce com açúcar de confeiteiro. Use um saco de confeitar para cobrir as laterais e o topo do sorvete com as claras.

Ponha a travessa sobre outra travessa coberta com gelo triturado e coloque sob um gratinador. Deixe dourar levemente.

Ao servir, regue com rum ou kirsch e flambe. O omelete deve ser bem volumoso para impressionar os convidados.

# PUDDING FAÇON MÈRE BRAZIER

PUDIM À MÈRE BRAZIER

*La Mère costumava preparar este pudim para sua equipe com petits--fours que tivessem sobrado ou já não estivessem muito frescos. Ficava tão delicioso que poderia ser servido para os clientes.*

SORVETE (AO LADO)
450G DE PETITS--FOURS
CARAMELO (P. 231)

Acrescente petits-fours, amanhecidos ou que tenham sobrado de algum evento, quebrados na mistura de sorvete.

Prepare um caramelo na fôrma de charlotte e cubra seu fundo e laterais.

Despeje a mistura de sorvete com petits-fours na fôrma e asse em banho-maria por cerca de 45 minutos.

Deixe esfriar. Coloque na geladeira de um dia para o outro e sirva no dia seguinte.

# SORBETS

SORBETS

*Sorbets são sorvetes à base de purê de frutas com calda de açúcar. O suco é obtido ao se passar frutas trituradas por um tecido de malha fina. Remova todas as sementes, senão o sorbet fica amargo. Esses sorvetes, excelentes digestivos, são deliciosos se feitos com frutas da estação. Podem ser acompanhados de* crème Chantilly. *Podem também ser servidos na casca vazia da fruta: laranja, limão, abacaxi, por exemplo.*

PURÊ DE FRUTAS
AÇÚCAR REFINADO
BEBIDA ALCOÓLICA

Misture o suco da polpa com a calda com 30°B – 4 xícaras de açúcar para 1 xícara de água fervida.

Misture para obter um líquido a 18°B com um densímetro de calda. Aprimore o sabor da fruta acrescentando uma bebida alcoólica compatível. Coloque a mistura na *sorbetière*.

## PARFAIT GLACÉ

PARFAIT GELADO

*Dê sabor a esta receita com café, chocolate, baunilha, bebida alcoólica ou purê de fruta.*

- 470ML DE CREME DE LEITE FRESCO
- 4 GEMAS
- 1 XÍCARA DE AÇÚCAR
- AROMATIZANTE (A GOSTO)

Bata o creme como se fosse fazer um *Chantilly* – o creme precisa ser bem líquido e ser mantido frio na geladeira.

Bata as gemas com o açúcar até formar pasta cremosa e branca. Incorpore o *Chantilly* com cuidado. Acrescente o aromatizante.

Despeje na fôrma e refrigere por algumas horas.

Sirva decorado com *crème Chantilly*.

## MOUSSE AUX FRAISES OU AUX FRAMBOISES

MOUSSE DE MORANGO OU FRAMBOESA

*Isto é o que chamamos de merengue italiano.*

- 1 ⅓ XÍCARA DE FRUTAS
- 1 XÍCARA DE AÇÚCAR REFINADO
- 5 CLARAS
- CRÈME CHANTILLY

Triture as frutas na batedeira.

Cozinhe o açúcar até alcançar 125°C para obter um caramelo amarelado.

Bata as claras em neve firme e incorpore o caramelo com cuidado. Continue batendo até ficar completamente frio e acrescente as frutas.

Despeje em taças altas e deixe na geladeira por algumas horas.

Sirva com *crème Chantilly*.

## MOUSSE AU CHOCOLAT

MOUSSE DE CHOCOLATE

*Você pode acrescentar amêndoas descascadas – tostadas e picadas – ou geleia de laranja (p. 228) em pedaços.*

250G DE CHOCOLATE
MANTEIGA
5 OVOS, GEMAS E CLARAS SEPARADAS
RUM

Derreta o chocolate em fogo bem baixo com um pouco de água e um pedacinho de manteiga. Fora do fogo, incorpore as gemas, uma a uma, mexendo com a colher de pau. Acrescente o rum.

Bata as claras em neve bem firme. Incorpore-as aos poucos no chocolate e distribua em taças altas. Refrigere de um dia para o outro.

## PÂTE BRISÉE

MASSA PODRE

*Esta receita serve como base para tortas de fruta, quiches...*

PARA UMA TORTA DE 8 PORÇÕES:
5 XÍCARAS DE FARINHA DE TRIGO
2 COLHERES (CHÁ) DE SAL
3 OVOS
1 XÍCARA DE MANTEIGA

Peneire a farinha na superfície de mármore ou na mesa. Faça um buraco no meio e acrescente sal, ovos e manteiga derretida.

Trabalhe com a ponta dos dedos para garantir uma mistura homogênea. Bata 3 vezes, ou seja, soque a massa com a palma da mão. Faça uma bola, embrulhe-a em um pano e deixe descansar até o dia seguinte.

## TARTE AUX FRUITS

TORTA DE FRUTAS

PÂTE BRISÉE (P. 241)
CREME DE LEITE FRESCO OU CRÈME PÂTISSIÈRE (P. 233)
FRUTAS

MAÇÃS E PERAS: Faça uma base de *pâte brisée* com 5mm de espessura em fôrma redonda para torta. Com o garfo, faça furos na massa e cubra com camada de creme de leite. Cerque com fatias finas de maçãs ou peras, sem que se sobreponham. Polvilhe açúcar refinado e asse em forno quente por 30 a 35 minutos. Sirva ainda morna.

PÊSSEGOS, DAMASCOS E AMEIXAS: Cozinhe as frutas em calda com baunilha por alguns minutos. Deixe escorrer.

Forre uma fôrma para torta com camada de *pâte brisée* de 5mm de espessura. Faça furos na base e asse em forno por 10 minutos. Cubra-a com uma camada de *crème pâtissière* (p. 233) aromatizado com um pouco de kirsch. Distribua as frutas escorridas no creme e regue com calda de damasco de uma geleia ou conserva.

MORANGOS E FRAMBOESAS: Siga a receita acima, mas use frutas frescas e regue com um pouco de geleia translúcida de groselha misturada com um pouco de gelatina, se quiser, para endurecer.

## GOOSEBERRY GELÉE

GELEIA DE GROSELHA

*La Mère frequentemente usava geleia de groselha para dar brilho às tortas.*

1,8KG DE GROSELHAS
450G DE AÇÚCAR

Cozinhe as groselhas em 2 litros de água até desmanchar. Deixe escorrendo na peneira de um dia para o outro.

Ferva o suco com 450g de açúcar para cada 2 xícaras de líquido.

Para saber se está pronto, coloque um pouco na parte de trás de um prato frio e veja se endurece.

# TARTE AU CITRON, À LA MANDARINE, OU À L'ORANGE

TORTA DE LIMÃO, TANGERINA OU LARANJA

PÂTE BRISÉE (P. 241)
¼ DE XÍCARA DE MANTEIGA
¾ DE XÍCARA DE AÇÚCAR REFINADO
3 COLHERES (SOPA) DE FARINHA DE TRIGO
2 COLHERES (SOPA) DE AMIDO DE MILHO
2 OVOS, GEMAS E CLARAS SEPARADAS
1 LIMÃO-SICILIANO
QUASE ½ XÍCARA DE AÇÚCAR DE CONFEITEIRO

Com uma fôrma circular de torta faça uma base de *pâte brisée*, certificando-se de os lados estarem com pelo menos 2cm de altura. Deixe assar por 10 minutos.

Ferva 1 xícara de água com a manteiga e o açúcar. Junte a farinha e o amido de milho, mexendo com a colher de pau por alguns minutos ainda no fogo.

Retire do fogo, acrescente 2 gemas, o suco e raspas finas da casca do limão. Deixe esse creme esfriar e recheie a torta.

Bata as claras em neve firme, adoce com o açúcar de confeiteiro e cubra a torta.

Asse em forno bem quente por alguns minutos para dourar um pouco.

# MILLAS

MILLAS

*Esta receita pode ser feita com cerejas ou peras Bartlett bem maduras.*

GEMAS
½ XÍCARA DE AÇÚCAR REFINADO
½ XÍCARA DE MANTEIGA
1 XÍCARA DE FARINHA DE TRIGO
1 PITADA DE SAL
2 OVOS
RUM OU KIRSCH
470ML DE LEITE
250G DE PÂTE BRISÉE (P. 241)
CEREJA

Bata as gemas com o açúcar na tigela até formar uma pasta clara. Acrescente a manteiga, a farinha, o sal, os ovos inteiros e o rum ou kirsch. Despeje o leite lentamente, mexendo sempre.

Forre uma fôrma de flã ou fôrma redonda para torta com uma camada fina de *pâte brisée*.

Escolha cerejas bem maduras, retire os talos e os caroços. Cubra a *pâte brisée* com 2 camadas. Recheie com a mistura para millas. Asse em forno quente por cerca de 30 minutos.

## TARTE TATIN

TARTE TATIN

½ XÍCARA MAIS 2 COLHERES (SOPA) DE MANTEIGA
2 ½ XÍCARAS DE AÇÚCAR REFINADO
900G DE MAÇÃS-REINETAS
PÂTE BRISÉE DOCE (P. 241)

*A receita original usava uma fôrma de cobre, mas as de silicone mais recentes funcionam bem, mesmo sendo mais finas.*

Você precisará de fôrma redonda que possa ir ao fogo, com borda de 4cm, no mínimo. Cubra o fundo da fôrma com fatias de manteiga e depois açúcar.

Retire o miolo das maçãs e corte-as em gomos grandes. Recheie a fôrma até 3,5cm de altura.

Cubra as maçãs com uma camada de *pâte brisée* com 5mm de espessura, certificando-se de a massa estar bem inserida no espaço da fôrma. Asse em forno quente por 25 minutos.

Coloque a fôrma em fogo alto por 3 minutos, sacudindo para o caramelo soltar das maçãs. Vire no prato e sirva imediatamente, pois a caramelização das maçãs com açúcar e manteiga não dá muito certo quando esfria.

## PÂTE À BUGNES DE LYON

MASSA PARA BUGNES DE LYON

4 XÍCARAS DE FARINHA DE TRIGO
¼ DE XÍCARA DE AÇÚCAR
1 COLHER (CHÁ) DE SAL
4 OVOS
1 ½ COLHER (CHÁ) DE FERMENTO BIOLÓGICO
¼ DE XÍCARA DE MANTEIGA
ÁGUA DE FLOR DE LARANJEIRA
AÇÚCAR DE CONFEITEIRO

Prepare a massa na noite anterior.

Peneire a farinha e faça um buraco no centro. Coloque o açúcar, o sal, os ovos, o fermento, a manteiga derretida e a água de flor de laranjeira. Sove até obter uma pasta firme. Continue trabalhando e esticando a massa para ficar o mais encorpada possível. Faça uma bola, embrulhe em um pano e deixe descansar fora da geladeira até o dia seguinte.

Divida em 2 partes e abra o mais fino possível. Corte retângulos entre 5cm e 8cm de comprimento. Abra-os até ficarem finos como papel. Frite por imersão, virando. Polvilhe açúcar de confeiteiro.

## BEIGNETS

BEIGNETS

- 2 ½ XÍCARAS DE FARINHA DE TRIGO
- 2 OVOS
- 1 COLHER (SOPA) DE AÇÚCAR
- 1 COLHER (CHÁ) DE SAL
- ¼ DE XÍCARA DE MANTEIGA
- ⅔ DE XÍCARA DE CERVEJA
- INGREDIENTES DE SABOR

Peneire a farinha dentro de uma tigela. Acrescente os ovos, o açúcar, o sal, a manteiga derretida, a cerveja e 1 xícara quase cheia de água morna. Trabalhe a mistura por alguns minutos e deixe descansar por 1 hora.

BANANA: Corte uma banana em rodelas. Pegue cada corte com um garfo, mergulhe na massa e deixe cair na fritadeira. Doure, retire e escorra. Disponha no prato, polvilhe açúcar e sirva bem quente.

MAÇÃ: Descasque e retire o miolo das maçãs (reinetas, por exemplo). Corte em fatias finas. Mergulhe-as na massa, frite por imersão e polvilhe com açúcar. Sirva bem quente.

FLOR DE ACÁCIA: Tome cuidado, pois nem todas as acácias são comestíveis. Mergulhe várias flores inteiras na massa e agite um pouco para ficarem bem cobertas. Frite por imersão e sirva no prato com papel toalha. Polvilhe açúcar.

## PÂTE À FRIRE

MASSA PARA FRITAR

*Se for fazer uma sobremesa ou prato doce, a massa pode ser aromatizada com rum, kirsch ou conhaque.*

- 2 XÍCARAS DE FARINHA DE TRIGO
- 4 OVOS
- 1 COLHER (CHÁ) DE SAL
- 1 COPO DE CERVEJA
- 1 COPO DE LEITE
- ÓLEO (OPCIONAL)

Trabalhe a farinha com 2 gemas, 2 ovos inteiros e o sal. Acrescente a cerveja e o leite. Mantenha a massa líquida, caso contrário pode não aderir aos ingredientes por dentro ao fritar.

Você pode acrescentar 1 colher (sopa) de óleo à mistura e, da mesma forma, pode acrescentar 2 claras batidas na hora de usar.

## PÂTE À CHOUX

MASSA CHOUX

1 COLHER (SOPA) DE SAL
2 COLHERES (SOPA) DE AÇÚCAR
1 XÍCARA DE MANTEIGA
3 XÍCARAS DE FARINHA DE TRIGO
12 OVOS

Em panela de fundo grosso, aqueça 2 xícaras de água com sal e açúcar. Junte a manteiga e, assim que ferver, coloque a farinha peneirada de uma só vez. Misture vigorosamente com a colher de pau até a massa ficar homogênea e desgrudar das laterais da panela.

Deixe esfriar um pouco e incorpore, um a um, os ovos inteiros, sem parar de mexer. Deixe a massa descansar por 1 hora.

## PETS-DE-NONNE

PETS-DE-NONNE

*A parte mais complicada é que estes bolinhos devem ser preparados na hora.*

PÂTE À CHOUX (ACIMA)
RUM
AÇÚCAR DE CONFEITEIRO
ÓLEO PARA FRITAR

Prepare uma *pâte à choux* e aromatize com um pouco de rum.

Com uma colherzinha, pegue bolinhas de massa e solte-as no óleo para fritar. Deixe dourar por aproximadamente 3 minutos.

Retire e deixe escorrer em papel toalha. Polvilhe açúcar de confeiteiro e sirva bem quente.

## PÂTE À MERINGUE ORDINAIRE

MERENGUE SIMPLES

*Aromatize os merengues com extrato de café ou chocolate em pó.*

8 CLARAS
QUASE 4 XÍCARAS DE AÇÚCAR DE CONFEITEIRO
ÓLEO

Bata as claras em neve, com picos bem firmes. Peneire o açúcar de confeiteiro como chuva. Continue batendo por 10 minutos.

Distribua imediatamente sobre uma assadeira fina untada com óleo e asse no forno a 50°C para secar, não cozinhar.

## POMMES BONNE FEMME

MAÇÃS À BONNE FEMME

1 MAÇÃ-REINETA POR PESSOA
AÇÚCAR
MANTEIGA
GELEIA DE GROSELHA

Limpe bem as maçãs de tamanhos iguais. Retire os miolos e abra sulcos ao redor das maçãs até metade da altura. Unte a travessa de gratinar com manteiga e coloque as maçãs. Adicione 2cm de água na travessa ou, melhor, a calda de um vidro de frutas em conserva.

Preencha os buracos nas maçãs com açúcar e coloque um pedaço de manteiga sobre cada uma. Asse em forno quente por 30 minutos.

Retire do forno e cubra com geleia de groselha.

Sirva quente na própria travessa.

## GALETTE BRESSANE

GALETTE DE BRESSE

*No restaurante de La Mère, este bolo similar a um brioche era sempre servido com sorvete de baunilha e coberto com chocolate quente.*

- 5 XÍCARAS DE FARINHA DE TRIGO
- 6 OVOS
- SAL
- 1 ½ XÍCARA DE AÇÚCAR REFINADO
- 1 XÍCARA DE LEITE
- 2 COLHERES (CHÁ) DE FERMENTO BIOLÓGICO
- 2 XÍCARAS DE MANTEIGA DE QUALIDADE

Na noite anterior: Coloque a farinha na tigela e faça um furo no centro. Quebre os ovos no centro. Acrescente uma pitada de sal, o açúcar e o leite – aquecido e com o fermento dissolvido nele. Sove bem para a massa encorpar. Junte a manteiga amolecida e continue sovando por 15 minutos. Deixe crescer por 1 hora em local morno. Trabalhe a massa novamente, cubra com pano e guarde em geladeira.

No dia de servir, trabalhe a massa novamente e abra até ficar com 4cm de espessura. Coloque em fôrma redonda funda e deixe crescer em local morno e ventilado por 1 a 2 horas.

Quando a massa tiver crescido bastante, cubra bem a superfície com cerca de 15 pedacinhos de manteiga e o restante do açúcar refinado.

Coloque em forno quente por 30 minutos.

🍷 Alsace, Champagne

## PÊCHES GLACÉES FLAMBÉES AU KIRSCH

PÊSSEGOS FLAMBADOS NO KIRSCH

*Esta sobremesa era sempre servida com* galette Bressane *(ao lado) ainda quente do forno. Você pode usar pêssegos enlatados ou pêssegos frescos cozidos em calda.*

2 A 3 METADES DE PÊSSEGO POR PESSOA
CALDA DE PÊSSEGO
MANTEIGA
AMÊNDOAS
1 COPO DE KIRSCH

Escorra os pêssegos e reserve a calda.

Unte com muita manteiga a travessa refratária. Distribua as metades de pêssego e despeje calda até cobrir 2cm. Salpique os pêssegos com uma quantidade generosa de amêndoas descascadas e picadas. Coloque-os no forno por aproximadamente 30 minutos.

Retire do forno e sirva imediatamente, despejando um copo de kirsch aquecido por cima. Flambe na frente dos convidados.

Sirva com uma colherada de sorvete ao lado das frutas.

🍷 Alsace, Champagne

## CHABRANINOF

CHABRANINOF

*Esta era a sobremesa especial em nosso restaurante na Rua Royale. O nome vem da mistura das 4 pessoas que a criaram: Jo Chatelus, Gaston Brazier, Michel Nivert e Georges Ivanof.*

4 MAÇÃS AMARELAS TIPO GOLDEN DELICIOUS
MANTEIGA
AÇÚCAR REFINADO
1 COPO DE RUM
2 XÍCARAS DE SORVETE DE BAUNILHA (P. 238)
PÂTE À GAUFRES (P. 234)

Descasque e remova os miolos das 4 maçãs. Corte-as em 8 gomos iguais. Refogue na manteiga até dourar.

Coloque as maçãs na travessa refratária, polvilhe açúcar refinado e leve ao forno bem quente. Deixe caramelizar.

Retire do forno e flambe na mesa com um copinho de rum.

Sirva com sorvete de baunilha e *waffles*.

# LES BEURRES ET LES SAUCES
# MANTEIGAS E MOLHOS

## BEURRE D'AIL

MANTEIGA DE ALHO

- 200G DE DENTES DE ALHO
- 1 ¼ XÍCARA DE MANTEIGA

Branqueie os dentes de alho. Coloque-os no liquidificador com a manteiga. Bata e passe por peneira, se necessário.

## BEURRE D'AMANDES

MANTEIGA DE AMÊNDOAS

- 100G DE AMÊNDOAS SEM PELE
- 1 XÍCARA DE MANTEIGA

Coloque 1 colher de água fria, as amêndoas e a manteiga no liquidificador. Bata e peneire, se necessário. Use quantidades e métodos iguais para fazer com pistache ou outros tipos de castanha.

## BEURRE D'ANCHOIS

MANTEIGA DE ANCHOVAS

- 100G DE ANCHOVAS
- 1 ¼ XÍCARA DE MANTEIGA

Lave, limpe e escorra as anchovas. Coloque-as no liquidificador com a manteiga. Bata e passe por peneira, se necessário.

## BEURRE BERCY

MANTEIGA BERCY

- 1 XÍCARA QUASE CHEIA DE VINHO BRANCO
- 1 CHALOTA
- 2 XÍCARAS DE MANTEIGA
- 450G DE TUTANO
- SAL
- PIMENTA
- 1 LIMÃO-SICILIANO

Coloque as chalotas, bem picadas, no vinho branco e reduza à metade. Deixe esfriar e acrescente a manteiga e o tutano cozido, escorrido e picado em pedaços pequenos. Tempere com sal, uma pitada de pimenta e suco do limão.

## BEURRE D'ÉCREVISSES

MANTEIGA DE CAMARÃO

*Esta manteiga pode ser usada de muitas formas.*

CASCAS DE CAMARÃO
1 XÍCARA DE MANTEIGA
4 XÍCARAS DE ÁGUA

Esmague as cascas de camarão. Acrescente a manteiga e refogue lentamente. Ela ficará vermelha. Deixe clarificar e acrescente a água. Ferva por alguns minutos.

Deixe esfriar. Se ainda não estiver fria o bastante, leve-a à geladeira. A manteiga ficará sólida na superfície. Remova-a.

Derreta novamente e passe por um tecido de malha fina. Deixe resfriar e armazene em geladeira.

## BEURRE D'ESCARGOTS

MANTEIGA PARA ESCARGOTS

*Use sua imaginação para personalizar esta receita: castanhas, manteiga de anchovas, bacon...*

2 XÍCARAS DE MANTEIGA
SALSA
3 CHALOTAS
ALHO
SAL
PIMENTA
SUCO DE LIMÃO-SICILIANO

O segredo está em misturar a manteiga devagar com a salsa cortada bem fina e as chalotas picadas muito, muito bem. Também é tradicional usar um pouco de alho, mas você pode retirá-lo no fim. Tempere com sal, pimenta e um pouco de suco de limão.

Opte também por castanhas tostadas, um pouco de *beurre d'anchois* (ao lado) ou gordura de bacon cortada em pequenos pedaços.

## BEURRE MAÎTRE D'HÔTEL

MANTEIGA MAÎTRE D'HÔTEL

1 ¼ XÍCARA DE MANTEIGA
SALSA
SAL
PIMENTA
1 LIMÃO-SICILIANO
MOSTARDA (OPCIONAL)

Amoleça a manteiga. Incorpore 1 colher cheia de salsa picada, sal, pimenta (1 volta do moedor) e suco do limão. Acrescente também 1 colher cheia de mostarda. Enrole a manteiga em cilindro, embrulhe em papel-manteiga ou papel-alumínio e coloque em geladeira. Corte em rodelas e disponha sobre filés de peixe grelhados.

## BEURRE MANIÉ

BEURRE MANIÉ

½ XÍCARA DE MANTEIGA
¾ DE XÍCARA DE FARINHA

Derreta a manteiga, incorpore-a à farinha e deixe esfriar por alguns minutos. Essa receita serve para ligar muitos molhos, mas cuidado: um molho engrossado com *beurre manié* não deve ser fervido, pois pode ficar com sabor de farinha cozida.

## AILLOLI

AILLOLI

ALHO
SAL
GEMAS
AZEITE
LIMÃO-SICILIANO

Você pode fazer este molho da forma tradicional, com pilão, ou com o mixer. Para cada 4 dentes de alho, use 1 gema e 1 xícara de azeite. Coloque o alho, o sal e a gema no pilão e trabalhe como para um *sauce mayonnaise* (p. 259), despejando o azeite gota a gota. Se usar o mixer, coloque alho, ovo, sal e azeite de uma vez. Quando o molho estiver espesso, acrescente o suco de limão e algumas gotas de água quente para cortar a gordura. *Ailloli* costuma ser servido com peixes grelhados ou no vapor, além de acompanhar todos os tipos de legumes.

## SAUCE BÂTARDE

MOLHO BASTARDO

½ XÍCARA DE FARINHA
1 ¾ XÍCARA DE MANTEIGA
5 GEMAS
2 COLHERES (SOPA) DE CREME DE LEITE FRESCO
1 LIMÃO-SICILIANO

Misture a farinha com 3 colheres (sopa) de manteiga derretida. Molhe com 3 1/3 xícaras de água salgada fervente. Bata vigorosamente e ferva. Após esfriar, ligue com as gemas misturadas com creme de leite e o suco do limão. Ferva novamente. Coe com tecido de malha fina e finalize com o restante da manteiga, fora do fogo. Depois de pronto, mantenha o molho em banho-maria até a hora de usar. Esse molho pode ser servido com aspargos ou peixe cozido.

# SAUCE BÉARNAISE

MOLHO BÉARNAISE

½ COPO DE VINAGRE DE VINHO
1 CHALOTA
ESTRAGÃO
CEREFÓLIO
1 PITADA DE SAL
PIMENTA-DO-REINO EM GRÃO
6 GEMAS
2 ½ XÍCARAS DE MANTEIGA
SALSA
PIMENTA (OPCIONAL)
PÁPRICA (OPCIONAL)
LIMÃO-SICILIANO (OPCIONAL)

Em caçarola de fundo grosso, aqueça o vinagre com uma chalota bem picada, estragão picado, cerefólio amassado, sal e alguns grãos de pimenta esmagados. Deixe reduzir quase por completo.

Retire do fogo e deixe esfriar. Acrescente as gemas misturadas com um pouco de água. Bata em fogo baixo ou em banho-maria, sem parar, para evitar que vire ovos mexidos.

Quando os ovos adquirirem boa consistência, acrescente manteiga derretida bem aos poucos. Cuidado para não despejar no leite no fundo da panela. O molho deve adquirir a consistência de maionese. Prove o tempero e, no fim, acrescente 1 colher cheia de estragão e outra de salsa. Se quiser, dependendo da ocasião, acrescente pimenta, páprica ou suco de limão.

Mantenha aquecido em banho-maria.

🍷 Sempre um excelente vinho branco da Borgonha ou alsaciano.

# SAUCE BÉCHAMEL

MOLHO BÉCHAMEL

*Este molho é a base de muitas receitas neste livro.*

LEITE
BEURRE MANIÉ (P. 254)
140G DE VITELO
1 CEBOLA
PIMENTA
SAL
NOZ-MOSCADA
BOUQUET GARNI
MANTEIGA

Ferva leite o bastante para a sua receita. Ligue com *beurre manié*, batendo até ferver pela primeira vez. Pique o vitelo em cubos e a cebola, e refogue-os na manteiga. Acrescente a carne e a cebola ao leite. Tempere com pimenta, sal e uma leve pitada de noz-moscada ralada finamente. Coloque o bouquet garni e deixe cozinhar por 1 hora. Coe o molho e mantenha aquecido em banho-maria. Para evitar que a superfície endureça enquanto espera, cubra com um pouco de manteiga derretida.

## SAUCE CHANTILLY

MOLHO CHANTILLY

SAUCE MAYONNAISE (P. 259)
CRÈME CHANTILLY

O molho *Chantilly* é apenas uma maionese à qual você acrescenta um pouco de *crème Chantilly* para deixar mais leve (sem baunilha). Sirva com aspargos.

## SAUCE DUXELLES

MOLHO DE COGUMELOS

CEBOLAS
MANTEIGA
CHALOTAS
COGUMELOS
SAL
PIMENTA

Descasque e pique as cebolas. Refogue na manteiga. Acrescente chalotas em cubos e cogumelos espremidos e picados. Tempere com sal e pimenta. Deixe cozinhar até secar completamente. Usamos esse molho em nossos gratinados.

Como alternativa, ponha 1 xícara quase cheia de vinho branco na caçarola de fundo grosso com 1 xícara quase cheia do líquido do cozimento dos cogumelos e 3 chalotas bem picadas. Deixe reduzir à metade. Acrescente 2 colheres (sopa) de purê de tomate e 4 colheres (sopa) de mistura de cogumelos para *sauce duxelles*, como acima. Prove o tempero. Deixe ferver. Junte 1/2 colher (sopa) de salsa picada.

## SAUCE AUX FINES HERBES

MOLHO DE FINES HERBES

1 CHALOTA
SALSA
CEREFÓLIO
VINHO BRANCO
VELOUTÉ DE FRANGO (P. 266) OU SAUCE BÉCHAMEL (P. 255)
4 COLHERES DE CREME DE LEITE FRESCO
ESTRAGÃO

Coloque chalota picada, talos de salsa e cerefólio esmagado no vinho branco e reduza à metade. Junte 2 xícaras de velouté de frango ou béchamel não muito espesso. Ferva por alguns minutos e coe. Acrescente o creme de leite e 1 colher (chá) de estragão picado. Tempere com sal e pimenta. Esse molho pode ser servido com ovos pochê, frango, timo.

## SAUCE GRIBICHE

MOLHO GRIBICHE

6 OVOS
1 COLHER (CHÁ) DE MOSTARDA
SAL
PIMENTA
2 XÍCARAS DE AZEITE
1 COLHER (SOPA) DE VINAGRE
PEPININHOS EM CONSERVA
ALCAPARRAS
SALSA
CEREFÓLIO
ESTRAGÃO

Cozinhe ovos duros e esmague as gemas na tigela grande. Acrescente mostarda, sal e pimenta. Mexa bem até ficar uniforme. Forme o molho batendo enquanto acrescenta o azeite gota por gota como na maionese (p. 259). Coloque o vinagre. Finalize com cubinhos de pepinos e alcaparras em conserva. Acrescente salsa, cerefólio e estragão, uma colher grande de cada. Decore com as fatias de 3 claras cozidas. Esse molho acompanha carnes e peixes frios.

## SAUCE HOLLANDAISE

MOLHO HOLLANDAISE

*Você pode acrescentar 1/3 do volume do molho de* crème Chantilly *firme e não adoçado em seu* sauce hollandaise.

6 GEMAS
2 ½ XÍCARAS DE MANTEIGA
LIMÃO-SICILIANO
SAL (OPCIONAL)

Despeje 1 copo de água salgada na caçarola pequena com fundo grosso. Acrescente as gemas. Cozinhe em fogo muito baixo ou em banho-maria, batendo sem parar.

Quando as gemas adquirirem boa consistência, acrescente manteiga derretida quente, pouco a pouco, tomando cuidado para não deixar despejar a pequena camada de leite formada no fundo da panela. Continue batendo até toda a manteiga ser incorporada e o molho ficar com consistência de maionese.

Coloque suco de limão e tempere com sal, se necessário. Não coloque pimenta – pontinhos escuros não combinam.

Esse molho é também servido com frango, timo e aspargos.

## SAUCE HONGROISE

MOLHO HÚNGARO

- 1 CEBOLA
- 6 COLHERES (SOPA) DE MANTEIGA (MAIS UM POUCO PARA REFOGAR)
- 1 COLHER (CHÁ) DE PÁPRICA
- 1 COPO DE VINHO BRANCO SECO
- BOUQUET GARNI
- 1 ¼ XÍCARA DE VELOUTÉ (P. 266)
- 3 COLHERES DE CREME DE LEITE FRESCO

Refogue a cebola picada na manteiga sem deixar dourar. Tempere com a páprica. Regue com o vinho branco seco. Coloque o bouquet garni. Deixe reduzir a 2/3. Acrescente o velouté. Deixe cozinhar lentamente por 20 minutos, acrescentando o creme de leite perto do fim. Coe e finalize com as 6 colheres (sopa) de manteiga. Esse molho combina com vitelo, frango e peixes cozidos.

## SAUCE LYONNAISE

MOLHO LYONNAISE

- CEBOLAS
- MANTEIGA
- 1 XÍCARA QUASE CHEIA DE VINAGRE
- 1 XÍCARA QUASE CHEIA DE VINHO BRANCO
- 2 XÍCARAS QUASE CHEIAS DE SAUCE TOMATE (P. 264)

Refogue algumas cebolas picadas grosseiramente em panela de fundo grosso. Deixe esbranquiçar lentamente, até ficarem quase cozidas. Despeje o vinho branco e o vinagre. Reduza a 2/3. Coloque o *sauce tomate*. Cozinhe lentamente por 5 a 6 minutos. Coe. Você pode deixar as cebolas dentro e não coar, de acordo com seu gosto e o tipo de prato.

## SAUCE MAYONNAISE

MAIONESE

*Certifique-se de que tanto o óleo quanto os ovos estejam em temperatura ambiente. Deixe o óleo pingar lentamente no começo. Se a maionese separar, recupere-a juntando uma gema fresca. Você pode conseguir fazer maionese rapidamente colocando todos os ingredientes no liquidificador.*

SAL
VINAGRE
4 GEMAS
2 COLHERES GRANDES DE MOSTARDA
PIMENTA-BRANCA
940ML DE ÓLEO
LIMÃO-SICILIANO

Dissolva o sal em um pouco de vinagre. Junte as gemas, a mostarda e a pimenta. Forme o molho com um batedor de arame enquanto despeja o óleo lentamente. Finalize com uma espremida de limão.

Por último, acrescente algumas colheradas de água fervente, o que deixa o molho menos oleoso e impede que se separe.

Para colocar no peixe, acrescente algumas folhas de gelatina dissolvidas em água fervente. Você também pode adicionar um pouco de purê de tomate à maionese.

## SAUCE MOUTARDE À LA CRÈME

MOLHO CREMOSO DE MOSTARDA

3 COLHERES (SOPA) DE MOSTARDA
SAL
PIMENTA
1 LIMÃO-SICILIANO
CREME DE LEITE FRESCO

Misture em uma tigela a mostarda com sal, a pimenta e o suco de limão. Forme o molho como se fosse fazer um *sauce mayonnaise* (acima), mas use creme de leite fresco e espesso em vez de óleo. É um bom molho para servir com canapés e aperitivos.

## SAUCE NANTUA

MOLHO NANTUA

SAUCE BÉCHAMEL (P. 255)
CREME DE LEITE FRESCO
BEURRE D'ÉCREVISSES (P. 253)
CAUDAS DE CAMARÃO

Misture 1 xícara quase cheia de creme de leite para cada 4 xícaras de béchamel. Reduza a 1/3 e retorne à consistência normal com mais creme de leite.

Acrescente 140g de *beurre d'écrevisses* e mais ou menos 20 caudas de camarão. Sirva com peixes gratinados ou quenelles.

## SAUCE NEWBURG

MOLHO NEWBURG

- 1 LAGOSTA (800G)
- 5 COLHERES (SOPA) DE MANTEIGA
- 4 COLHERES (SOPA) DE AZEITE
- SAL
- PIMENTA CAIENA
- 1 COPO DE CONHAQUE
- 1 COPO DE VINHO MADEIRA
- 1 XÍCARA QUASE CHEIA DE CREME DE LEITE FRESCO
- 1 XÍCARA QUASE CHEIA DE FUMET DE PEIXE

Corte a lagosta viva. Retire as partes cremosas e as ovas, esprema com 2 colheres (sopa) de manteiga e reserve.

Cozinhe a cauda, as garras e a cabeça com 3 colheres (sopa) de manteiga e azeite. Tempere com sal e pimenta caiena.

Quando as cascas estiverem bem vermelhas, escorra o excesso de gordura. Regue com conhaque quente e flambe. Acrescente o vinho Madeira. Reduza a 2/3.

Acrescente o creme de leite e o fumet de peixe. Deixe cozinhar lentamente por 25 minutos.

Retire toda a carne da lagosta e corte em cubinhos. Coe o molho e acrescente a manteiga de ovas. Prove o tempero e junte os cubinhos de lagosta antes de servir.

Esse molho é servido com peixes como salmão, truta, linguado...

## SAUCE NORMANDE

MOLHO NORMANDO

- 3 XÍCARAS DE VELOUTÉ DE PEIXE
- QUASE ½ XÍCARA DE LÍQUIDO DO COZIMENTO DE COGUMELOS E DO DE MEXILHÕES
- 1 XÍCARA QUASE CHEIA DE FUMET DE LINGUADO
- 5 GEMAS
- 1 ¼ XÍCARA DE CREME DE LEITE FRESCO GROSSO
- ½ XÍCARA E 2 COLHERES (SOPA) DE MANTEIGA
- SAL E PIMENTA

Acrescente o velouté de peixe aos líquidos do cozimento de cogumelos e de mexilhões. Adicione também um fumet feito com a carcaça de um linguado e algumas espremidas de limão. Ligue com as gemas misturadas com o creme de leite. Reduza a 1/3 em fogo alto.

Coe o molho e finalize com o restante do creme de leite e a manteiga. Verifique se faltam sal e pimenta.

Guarneça com cogumelos e mexilhões usados no cozimento. Esse molho fica particularmente bom com linguado, mas também pode ser utilizado em outros peixes, como pregado e salmão.

## SAUCE PÉRIGUEUX

MOLHO DE TRUFAS

VELOUTÉ (P. 266)
GELATINA DE VITELO
1 COPO DE VINHO BRANCO DE BORDEAUX
2 COLHER (CHÁ) DE CONHAQUE
MANTEIGA
TRUFAS

Prepare o velouté com um roux marrom (p. 263). Coloque em banho-maria e acrescente um pouco de gelatina de vitelo, o vinho e o conhaque. Deixe reduzir por 15 minutos. Engrosse o molho com manteiga e acrescente 140g de trufas em cubos para cada 2 xícaras de molho. Deixe cozinhar em fogo brando por 10 minutos.

## SAUCE PIQUANTE

MOLHO PICANTE

1 ¼ XÍCARA DE VINHO BRANCO
1 ¼ XÍCARA DE VINAGRE DE VINHO
3 A 4 CHALOTAS
2 ½ XÍCARAS DE SAUCE TOMATE (P. 264)
3 PEPININHOS EM CONSERVA
CEREFÓLIO
SALSA
ESTRAGÃO

Em panela de fundo grosso, despeje o vinho branco, o vinagre, as chalotas bem picadas e o *sauce tomate*. Cozinhe por 10 minutos. Depois de cozido, retire do fogo e acrescente pepininhos picados, cerefólio, salsa e estragão.

Esse molho é normalmente servido com carne suína assada ou grelhada ou com carne bovina cozida.

## SAUCE PORTUGAISE

MOLHO PORTUGUÊS

1 CEBOLA GRANDE
AZEITE
680G DE TOMATES
1 DENTE DE ALHO
SAL
PIMENTA
AÇÚCAR (OPCIONAL)
SAUCE TOMATE (P. 264)
SALSA

Corte a cebola em cubinhos e refogue-a no azeite. Enquanto clareia, acrescente tomates (sem pele, sem sementes e em gomos), alho, sal, pimenta e um pouco de açúcar se os tomates estiverem muito ácidos. Tampe e deixe cozinhar lentamente. Experimente e coloque um pouco de *sauce tomate* se não estiver forte o bastante. Acrescente 1 colher (sopa) de salsa picada no último instante.

## SAUCE POULETTE

MOLHO POULETTE

1 CHALOTA
¼ DE XÍCARA DE MANTEIGA
QUASE ½ XÍCARA DE VINHO BRANCO SECO
1 XÍCARA QUASE CHEIA DE CREME DE LEITE FRESCO
2 GEMAS
SAL
PIMENTA
SALSA

Pique a chalota e refogue-a na manteiga. Regue com vinho branco seco e deixe reduzir à metade. Acrescente creme de leite, deixe ferver e retire do fogo. Ligue o molho com as gemas. Tempere com sal, pimenta e salpique com um pouco de salsa picada.

## SAUCE RÉMOULADE

RÉMOULADE

4 ½ XÍCARAS DE SAUCE MAYONNAISE (P. 259)
100G PEPININHOS EM CONSERVA
60G DE ALCAPARRAS
SALSA
CEREFÓLIO
ESTRAGÃO
PURÊ DE ANCHOVAS

Acrescente pepininhos e alcaparras picados à maionese com 1 colher (sopa), cada, de salsa, cerefólio, estragão e purê de anchovas. Para acompanhar aipo-rábano, pé de carneiro.

## SAUCE RAVIGOTE

MOLHO RAVIGOTE

VINAGRE
1 CHALOTA
LOURO
CEREFÓLIO
ESTRAGÃO
TOMILHO
QUASE ½ XÍCARA DE FUMET DE PEIXE
1 XÍCARA QUASE CHEIA DE SAUCE BÉCHAMEL (P. 255)
6 COLHERES (SOPA) DE MANTEIGA

Misture a chalota bem picada com o louro, alguns talos de cerefólio, estragão picado e tomilho no vinagre. Reduza a 2/3. Acrescente o fumet de peixe e o béchamel. Deixe cozinhar por um tempo, batendo sempre. Finalize com a manteiga e coe. No último instante, acrescente 1 colher de cerefólio e 1 colher de estragão picado. Esse molho pode ser servido com peixes grelhados.

## ROUX

ROUX

½ XÍCARA DE MANTEIGA
1 ½ XÍCARA DE FARINHA

*Tome cuidado ao cozinhar manteiga: pode queimar facilmente e dar um sabor desagradável a qualquer molho feito com ela.*

ROUX BRANCO: Aqueça a manteiga sem deixar dourar. Acrescente a farinha. Misture bem com a colher de pau. Cozinhe em fogo baixo, mexendo sempre por 5 minutos. Esse roux é usado para preparar molho branco ou velouté (p. 266).

ROUX AMARELO: Siga o mesmo procedimento do roux branco, mas durante o cozimento deixe a mistura ganhar um tom mais amarelado. Esse roux é usado em muitos molhos para frango, timo...

ROUX MARROM: Siga o mesmo procedimento do roux amarelo, mas cozinhe por mais tempo para deixar a farinha com coloração marrom. Você pode usar margarina, que é mais difícil de queimar.

## SAUCE SUPRÊME

MOLHO SUPRÊME

FRANGO
VITELO
JOELHO DE VITELO
CREME DE LEITE FRESCO
MANTEIGA

Ao cozinhar um frango, coloque um pedaço do vitelo e um joelho de vitelo. Reserve o líquido do cozimento e reduza-o por bastante tempo. Quando o velouté tiver boa consistência, acrescente algumas colheres (sopa) de creme de leite. Prove o tempero. Quando servir, acrescente um bom pedaço de manteiga.

## SAUCE TARTARE

MOLHO TÁRTARO

8 OVOS
SAL
PIMENTA
940ML DE AZEITE
1 COLHER (SOPA) DE VINAGRE
CEBOLINHA

Cozinhe os ovos ao ponto de duros. Amasse as gemas ou coloque na batedeira para obter uma pasta cremosa. Tempere com sal, pimenta e faça um molho com o azeite, como na maionese. Finalize com vinagre e cebolinha picada.

Esse molho também combina com peixes, frios ou frango.

# SAUCE TOMATE

MOLHO DE TOMATE

*De acordo com La Mère, se você não tiver tomates frescos, pode usar purê de tomate.*

- 3 A 4 CHALOTAS
- MANTEIGA
- 3KG DE TOMATES
- 1 RAMO DE TOMILHO
- 1 MAÇO DE SALSA
- 2 DENTES DE ALHO
- 1 FOLHA DE LOURO
- SAL
- PIMENTA

Pique as chalotas bem finas e refogue na manteiga no caldeirão. Acrescente os tomates em gomos, o tomilho, a salsa, o alho, o louro, sal e pimenta. Tampe e cozinhe lentamente por 30 a 35 minutos. Retire os dentes de alho sem esmagá-los. Coe o molho e cubra a superfície para não formar uma película. Coloque na terrine e, quando o molho estiver frio, guarde na geladeira. Tome cuidado: esse molho não dura muito tempo na geladeira. Congele se quiser guardar por mais tempo.

# SAUCE VINAIGRETTE

MOLHO VINAGRETE DE LA MÈRE

- 1 COLHER (SOPA) DE CEBOLA BEM PICADA
- 1 COLHER (SOPA) DE SALSA PICADA
- 1 COLHER (SOPA) DE CEREFÓLIO PICADO
- 1 COLHER (SOPA) DE ESTRAGÃO PICADO
- 1 COLHER (SOPA) DE ALCAPARRAS PICADAS
- SAL
- PIMENTA
- QUASE ½ XÍCARA DE VINAGRE DE VINHO TINTO
- 1 ¼ XÍCARA DE AZEITE

Na tigela coloque, nesta ordem, a cebola, a salsa, o cerefólio, o estragão, as alcaparras, sal, uma pitada de pimenta, o vinagre e o azeite. Misture bem.

Você pode acrescentar ovos cozidos picados, de vez em quando.

# Menu Clássico de La Mère Nº 7

*Servido todos os anos no dia 11 de novembro*

*Boudin et Godiveaux Grillés*

Boudin e Godiveaux grelhadas

◆

*Pommes-Frites Sautées*

Batata frita salteada

◆

*Rôti de Porc*

Porco assado

◆

*Marrons et Épinards à la Crème*

Castanhas e espinafre com creme

◆

*Pâté à Baba*

Baba ao rum (p. 233)

◆

*Glace à Vanille*

Sorvete de baunilha (p. 238)

◆

*Galette*

## VELOUTÉ

VELOUTÉ

*O nome deste molho significa "aveludado". Um velouté de qualidade, pela definição de Carême, deve ser engrossado com um roux de farinha e manteiga, mas La Mère geralmente ligava com mistura bem calórica de creme de leite e ovos, aprimorada com trufas, como no seu* velouté de volaille *(p. 143).*

ROUX BRANCO (P. 263)
CALDO
MANTEIGA

Prepare o roux branco. Acrescente caldo de frango, vitelo ou peixe bem reduzido e ainda um pouco quente para formar um velouté cremoso. Ferva, mexendo sempre. Em seguida, abaixe o fogo e cozinhe por 1 hora. Coe e despeje na terrine. Ponha uma camada fina de manteiga quente para evitar que endureça na superfície.

## SAUCE VERTE

MOLHO VERDE

*O agrião pode ser bem frágil, mas durará mais dias se armazenado em água fria trocada com frequência.*

60G DE AGRIÃO
60G DE ESPINAFRE
60G DE SALSA
60G DE CEREFÓLIO
3 ¾ XÍCARAS DE SAUCE MAYONNAISE (P. 259)

Coloque o agrião, o espinafre, a salsa e o cerefólio na caçarola com água salgada fervente. Cozinhe por 5 minutos, escorra e seque. Pique as folhas e esprema na toalha para obter os sucos. Pode render quase 1/2 xícara. Misture esse líquido com maionese espessa. Combine com peixes frios ou carnes brancas frias.

# GELÉE

## GELATINA DE ASPIC

*A gelatina de carne era feita assim.*

- 4KG DE OSSOS E JOELHO DE VITELO
- 1,4KG DE OUTROS OSSOS DE VITELO PARTIDOS
- 3 PÉS DE VITELO BRANQUEADOS
- 250G DE BARRIGA DE PORCO BRANQUEADA
- 200G DE CENOURAS
- 200G DE CEBOLAS GRANDES
- 60G DE ALHO-PORÓ
- 60G DE AIPO
- BOUQUET GARNI
- SAL
- PIMENTA-DO-REINO EM GRÃO
- 450G DE CARNE BOVINA MAGRA
- 6 CLARAS
- VINHO MADEIRA, CONHAQUE, VINHO ALSACIANO OU CHAMPANHE

Doure as carnes e ossos no forno, depois coloque tudo no caldeirão grande com os pés, a barriga, os legumes – exceto a parte verde do alho-poró – e os ingredientes aromáticos, sal e pimenta. Cubra com 8 litros de água e deixe cozinhar por 6 horas. Coe e desengordure completamente.

Para clarificar, pique a carne magra em pedaços bem pequenos. Pique também a parte verde dos alhos-porós e misture com as claras levemente batidas. Coloque em um caldeirão de fundo grosso grande o bastante. Despeje o caldo ainda um pouco quente por cima, leve ao fogo médio e ferva, mexendo sem parar. Cuidado para a mistura não grudar no fundo da panela, pois, queimada, perde-se completamente. Se nesse momento parecer não endurecer, acrescente algumas folhas de gelatina dissolvidas em água fria.

Deixe esfriar. Acrescente, a gosto, vinho Madeira, conhaque, vinho alsaciano, champanhe, mas não coloque o vinho enquanto a gelatina ainda estiver quente, ou perderá seu perfume.

# GLOSSÁRIO DE TERMOS CULINÁRIOS

*Anglaise*: Bater um ovo com 1 colher (sopa) de água, 1 colher (sopa) de azeite, 1 pitada de sal e um pouco de pimenta até ficar aerado. Usado como massa para fritar.

Banho-maria (*bain-marie*): Usar duas panelas (a de fora com água) para cozinhar na de dentro. Utilizado para ovos mexidos, molho béarnaise...

Bardear: Envolver alimentos (legumes, aves, peixes ou carnes) com fatias de bacon ou presunto com mais gordura.

Bouillon: Líquido no qual carnes ou vegetais foram cozidos.

*Bouquet garni*: Buquê de ervas aromáticas – geralmente salsa, tomilho, louro e salsão – enrolado em tecido tipo musselina e usado para agregar sabor aos preparos. Deve ser retirado da panela ou do prato antes de servir.

Branquear: Cozinhar brevemente em água fervente e resfriar em gelo ou água fria para interromper o cozimento.

Brasear: Cozinhar com pouco líquido na panela tampada.

*Chantilly*: Creme de leite fresco batido no mixer ou à mão com batedor ou garfo até ficar macio e aerado, depois adoçado com açúcar. Pode ser aromatizado com baunilha. Chamado de *Chantilly* ou *crème Chantilly*.

Clarificar: Deixar um consommé ou gelatina translúcidos ao aquecer o líquido com pedaços magros de carne, claras, alho-poró e ervas aromáticas. Nomeia o processo de derreter manteiga lentamente para eliminar as impurezas e fazer com que se torne uma espécie de óleo e, por último, também pode representar o ato de separar as claras das gemas com cuidado.

Cocotte: Caçarola de ferro fundido.

Concassé: Picado grosseiramente.

Court bouillon: Literalmente, um "bouillon curto". Líquido com ingredientes aromáticos normalmente usado para cozinhar peixes.

Deglaçar: Regar o fundo da panela ou assadeira, após algum cozimento, para fazer um molho.

Dodine: Carne – normalmente de aves – desossada, recheada e enrolada.

*Fines herbes*: Combinação de ervas formada por salsa, cebolinha, estragão e cerefólio frescos.

Flambar: Regar com bebida alcóolica e acender com fogo.

*Fond*: Caldo saboroso utilizado como base para molhos, também chamado de "fundo".

*Fumet*: Termo utilizado para fundos de peixe ou cogumelo.

Julienne: Bastões de vegetais, trufas, entre outros, com cerca de 5cm de comprimento e 3mm de largura.

Lardos: Cubinhos de gordura ou barriga suína usados dar sabor a cozidos.

Ligar: Engrossar um molho com amido de milho, gemas ou creme de leite.

Marmita: Tipo de panela com tampa, geralmente feita de barro ou metal.

*Mirepoix*: Cenouras, chalotas, cebolas, salsão, entre outros ingredientes possíveis, cortados em cubos e usados para dar sabor à redução.

*Mornay*: Molho béchamel com gemas e queijo Gruyère.

*Mousseline*: Purê de carne, peixe ou fígado de ganso com acréscimo de creme de leite batido ou claras em neve para dar leveza.

*Pot au feu*: Significa "panela no fogo"; cozido francês típico de carne e vegetais.

Reduzir: Ferver o líquido para engrossar e intensificar o sabor.

*Salmis*: Cozido de carne de caça ou pato.

*Salpicon*: Um ou mais ingredientes, em cubos ou moídos, ligados por um molho.

Tomates à provençal: Tomates cortados ao meio e assados com recheio de farelo de pão com alho e salsinha picados.

Velouté: Molho cremoso – literalmente significa "aveludado".

# ÍNDICE DE RECEITAS

---

Este livro foi composto nas tipografias Copperplate, Futura e Sabon MT, por Elwin Street Production, e impresso pela 1010 Printing International Limited, em papel 120gsm *woodfree*, para a Editora Senac Rio de Janeiro, em maio de 2015.